· 科技创新服务能力建设—高精尖学科建设（12213992101010203）
· 北京市教育委员会社科计划一般项目（SM202211417007）
· 北京联合大学科研项目（SK90202103）

合并财务报表 的
——放大效应及其经济后果研究

A Study on the Amplification
Effect of Consolidated Financial Statements
and Its Economic Consequences

闫丽娟 著

经济管理出版社
ECONOMY & MANAGEMENT PUBLISHING HOUSE

图书在版编目（CIP）数据

合并财务报表的放大效应及其经济后果研究/闫丽娟著 . —北京：经济管理出版社，
2022.6

ISBN 978 – 7 – 5096 – 8476 – 4

Ⅰ.①合…　Ⅱ.①闫…　Ⅲ.①企业合并—会计报表—研究　Ⅳ.①F275.2

中国版本图书馆 CIP 数据核字（2022）第 099554 号

组稿编辑：魏晨红
责任编辑：魏晨红
责任印制：黄章平
责任校对：董杉珊

出版发行：经济管理出版社
　　　　　（北京市海淀区北蜂窝 8 号中雅大厦 A 座 11 层　100038）
网　　址：www. E – mp. com. cn
电　　话：（010）51915602
印　　刷：北京市海淀区唐家岭福利印刷厂
经　　销：新华书店
开　　本：720mm×1000mm/16
印　　张：11.75
字　　数：191 千字
版　　次：2023 年 6 月第 1 版　　2023 年 6 月第 1 次印刷
书　　号：ISBN 978 – 7 – 5096 – 8476 – 4
定　　价：68.00 元

前　言

我国现行《企业会计准则第 33 号——合并财务报表》［CAS33（2014）］规定，应当以控制为基础确定企业合并财务报表的并表范围。也就是说母公司应将其控制的子公司纳入合并范围，编制合并财务报表，用以反映由母公司及其所有子公司组成的整个企业集团的经营成果、财务状况与现金流量。由于投资企业将一家被投资企业纳入合并财务报表的并表范围，从而导致合并财务报表所反映的资产、负债、收入、费用、利润要素和现金流入、现金流出等报表项目的金额相对于母公司个别财务报表而言被放大，这就是合并财务报表的放大效应。合并财务报表的放大效应包括合并利润表放大效应、合并资产负债表放大效应、合并现金流量表放大效应。

几乎所有大型的集团公司都编制合并财务报表。集团公司在编制合并财务报表时，首先需要确定将哪些被投资单位纳入合并财务报表，即确定合并范围。合并范围不同，则基于合并财务报表计算的公司财务比率可能存在巨大的差异。在过去几十年中，合并范围的确定标准发生了巨大变化，从比例标准到比例标准和控制标准相结合，再到严格的控制标准的转化，合并范围的确定需要越来越多的专业判断。基于规则导向的比例标准，公司很容易确定合并范围，但基于原则导向的控制标准确定合并范围却存在极大的弹性。企业可以通过合并范围的选择，避免并入盈利差的被投资单位，或者实现对盈利良好的被投资单位的并表，进而起到粉饰企业财务报表的作用。然而，在财务报表使用者无法识别并表对财务报表数据影响的情况下，这将损害合并财务报表的有用性，违背财务报告决策有用性的目标。

　　基于此，本书以房地产行业中普遍存在的通过设计并表范围影响企业合并财务报表数据的现象为切入点，梳理了国际上合并财务报表准则中关于并表范围确定标准及我国合并财务报表准则中关于并表范围确定标准的历史沿革，分析了现行准则下严格控制标准的特点以及合并财务报表本身的特征，运用理论分析、实证研究等方法，尝试研究以下问题：

　　第一，现行会计准则中合并财务报表并表范围的确定标准是什么？国际会计准则、美国会计准则和我国会计准则中合并财务报表并表范围确定标准是如何发展和演进的？

　　第二，在会计理论体系内，合并财务报表准则制定的理论依据和逻辑基础是什么？合并财务报表放大效应是什么？财务报告目标与合并财务报表放大效应存在怎样的关系？合并财务报表本身的特征与合并财务报表放大效应的关系又是怎样的？

　　第三，现行准则基于严格控制标准确定合并范围，企业是否会操纵合并范围以进行报表管理？换言之，什么样的投资企业会倾向于将被投资企业并入表内？投资企业会倾向于将什么样的被投资企业并入表内？

　　第四，合并财务报表放大效应的经济后果是什么？合并财务报表放大效应对高管薪酬、债务融资成本是否存在影响？其作用机理又是什么？

　　结合对上述问题的分析和论证，本书基于现行准则下合并财务报表放大效应的存在，分析了企业并表动机，并在此基础上检验了企业对合并财务报表并表范围的操控行为的存在性；同时，本书从高管薪酬、债务融资成本的角度检验了合并财务报表放大效应的经济后果，丰富了合并财务报表准则及其经济后果方面的研究。本书的主要研究结论如下：

　　第一，在以控制标准确定并表范围的会计处理规则下，企业管理层存在操控合并财务报表范围的行为。在其他条件一定的情况下，有做大动机的非国有企业更倾向于将少数股东持股比例高的被投资企业纳入合并范围；有做大动机的国有企业更倾向于将持股比例低的被投资企业纳入合并范围。进一步分析表明，在其他条件不变的情况下，非国有企业更倾向于将资产负债率低、销售净利率高的企业纳入合并范围；国有企业更倾向于并入资产负债率高、销售净利率低的企业。

第二，合并财务报表放大效应提高了高管薪酬。在其他条件一定的情况下，公司的合并财务报表放大效应越高，超额管理薪酬越高；合并财务报表放大效应加剧了企业的两类代理冲突，增加了企业的两类代理成本；合并财务报表放大效应并不会增加企业的股利支付和资本支出；高管持股在合并财务报表放大效应和高管薪酬之间发挥调节作用，高管持股比例越高，合并财务报表放大效应对高管薪酬的促进作用就越低。这表明合并财务报表放大效应会加剧企业的代理冲突，提高代理成本，管理层可以通过机会主义行为实现自身利益最大化。

第三，合并财务报表放大效应降低了企业的债务融资成本。研究发现，合并财务报表放大效应通过降低企业信息风险来影响债务融资成本。进一步研究发现，在四大会计师事务所审计的企业，即外部监督作用强的企业中，合并财务报表放大效应对于降低企业债务融资成本的影响更为显著。

本书的创新点主要体现在以下几个方面：

第一，本书检验了合并财务报表放大效应的经济后果，丰富了有关合并财务报表评价方面的研究。已有对合并财务报表的研究大多集中在合并财务报表并表动机、合并财务报表有用性、合并财务报表和母公司报表信息有用性比较、不同合并方法的价值相关性等方面，鲜有文献关注合并财务报表是否具有充分的理论依据以及坚实的逻辑基础，是否为财务报表的编报与使用带来不良的经济后果。本书在肯定合并财务报表作用的同时，对合并财务报表放大效应及其经济后果进行了研究，拓展了合并财务报表相关理论研究，有助于恰当评价合并财务报表准则的合理性与有效性。

第二，已有对合并财务报表的研究多集中在对合并财务报表价值相关性及合并财务报表和母公司报表信息含量的比较研究，研究结论多肯定合并财务报表的作用和主体理论。本书旨在研究合并财务报表的放大效应，在肯定合并财务报表作用的同时，研究了现行合并财务报表的不足之处及其放大效应的经济后果。在评价实体理论的基础上，为合并财务报表准则的修订和优化提供了理论基础。通过对合并财务报表放大效应及其经济后果的研究，有助于评价我国现行会计准则所采用的实体理论，为评价我国会计准则国际趋同效果提供了参考。

第三，已有研究多站在投资者或监管者的视角对合并财务报表的经济后果进行研究，本书基于企业的管理层、债权人的视角，研究合并财务报表放大效应的经济后果，系统分析了合并财务报表放大效应对管理层薪酬、债务融资成本的影响，有助于全方位地评价合并财务报表会计准则。此外，研究合并财务报表放大效应对高管薪酬、债务融资成本的影响属于合并财务报表放大效应对企业经营管理的影响，对深入理解会计准则对中国企业管理与经济发展的影响具有重要的意义。

第四，本书拓展了管理层薪酬方面的相关研究。已有对管理层薪酬影响因素的研究多基于并购、企业性质、管理层权力等视角，鲜有文献关注合并财务报表的放大效应对高管薪酬的影响。本书拓展了合并财务报表和高管薪酬关系的研究。研究表明，合并财务报表放大效应正向影响企业高管薪酬，高管薪酬制定者并不能识别合并财务报表对企业财务数据的影响，对于高管薪酬契约的制定具有重要启示作用。

第五，本书拓展了债务融资成本方面的相关研究。已有对债务融资成本的研究主要集中在两个视角：一是基于企业内部视角研究债务融资成本的影响因素，如资产周转率、成长机会、企业信用、资产风险都是影响债务融资成本的重要因素；二是基于制度环境视角探讨企业债务融资成本问题，鲜有文献关注合并财务报表对债务融资成本的影响。本书拓展了债务融资成本影响因素的研究，丰富了会计准则对债务融资成本影响方面的研究。研究表明，债权人并不能识别合并财务报表对企业财务数据的影响，本书的研究结论对于银行贷款决策的签订具有重要的启示作用。

目　录

1 导论

1.1 研究背景与研究意义

1.1.1 研究背景

根据我国 2014 年修订的《企业会计准则第 33 号——合并财务报表》〔以下简称 CAS33（2014）〕，应当以控制为基础确定企业合并财务报表（以下也称合并报表）的并表范围，即母公司应将其控制的子公司纳入合并范围，编制合并财务报表，用以反映由母公司及其所有子公司组成的整个企业集团的经营成果、财务状况与现金流量。母公司将子公司纳入合并财务报表后，子公司的资产、负债、收入、费用、利润和现金流量等项目会全部反映在合并财务报表中，以便反映由母公司及其全部子公司组成的整个企业集团的经营成果、财务状况与现金流量。尤其是子公司的利润总额和净利润会在合并利润表的利润总额和净利润中得以反映，而利润总额和净利润正是社会公众及监管机构对集团公司的重点关注指标。

合并财务报表数据本身与经济利益没有直接的关系，只是财务报告使用者人为地赋予其法律或契约地位。例如，2016 年 12 月 30 日颁布的《中央企业负责人经营业绩考核暂行办法》规定，年度净资产收益率与年度利润总额是中央企业负责人年度经营业绩考核的两个基本指标，此处的年度利润总额为经过核定的企业合并利润表中利润总额的数值。如果企业上年年度利润总额实际完成值和目标值的平均值大于企业当年年度利润总额目标值时，原则上企业最终考核结果不得进入最高级别 A 级①。对于上年利润总额大于当年利润总额的企业，企业考核结果无论处于什么级别，其负责人的绩效薪酬倍数均应比上年低。根据 2019 年 3 月 7 日发布的《中央企业负责人经营业绩考核办法》，国务院国有资产监督管理委员会（以下简称国资委）将结果评级、考核计分与年度经济增加值、净利润等指标的目标值挂钩，将工资总额预算与经济效益指标的目标值相结合，并依据目标值的先进程度确定工资总额预算水平。2019 年的《中央企业负责人经营业绩考核办法》与 2016 年的《中央企业负责人经营业绩考核暂行办法》相比，在年度考核基本指标中用净利润替换了利润总额，但依据依然是合并财务报表数据。《深圳证券交易所股票上市规则（2018 年 11 月修订)》规定，上市公司最近一个会计年度经审计的营业收入低于 1000 万元，或者因追溯重述导致最近一个会计年度营业收入低于 1000 万元时，深圳证券交易所有权对其股票交易实行退市风险警示。其中，营业收入是指上市公司利润表列报的营业收入，若上市公司编制合并财务报表，则营业收入为合并利润表列报的营业总收入。在当前双重披露制度背景下，相较于母公司报表，合并财务报表地位不断提高，成为资产定价、信用评级、薪酬考核、利润分配决策的主要依据，得到准则制定者、投资者、债权人等企业利益相关者的普遍认可（李阳，2015）。由此看出，对监管机构和投资者等利益相关者而言，合并财务报表的信息是否相关与可靠至关重要。然而，母公司将其控制的子公司的资产、负债、所有者权益、收入、费用、利润和现金流量等项目按照完全合并法纳入合并财务报表的这种行为会导致企业合并财务报表所反映的资产、负债、所有者权益、收入、费用、利润和现金流量的金额被放大。

CAS33（2014）规定，控制是指投资单位拥有对被投资单位的权力，投资单

---

① 根据企业负责人经营业绩考核得分，年度经营业绩考核和任期经营业绩考核最终结果分为 A、B、C、D、E 五个级别。

位通过参与被投资单位的相关活动而享有可变回报，且有能力运用对被投资单位的权力影响其回报金额。现行会计准则关于控制的定义复杂而难懂，体现了会计准则的原则导向。现行准则关于合并财务报表并表范围的确定具有很大的弹性，赋予了企业财务报表编制者较多的职业判断空间，这就使合并财务报表并表范围的确定在很大程度上取决于投资单位的意图，给管理当局通过并表范围操控财务报表提供了可能性（周华等，2018）。一方面，合并财务报表所反映的资产、负债、所有者权益、收入、费用、利润和现金流量的金额被放大。基于严格控制下的并表范围确定存在极大的弹性，企业管理层又具有天然操纵财务报表的动机。另一方面，企业的重要利益相关者人为地赋予合并财务报表法律或契约地位，提高合并财务报表的地位，这就助推了企业管理当局借助合并财务报表并表范围的弹性操纵企业的合并报表数据。

实践中，母公司报表利润总额与合并报表利润总额差异较大。通过图 1 - 1 全体上市公司年度平均合并报表数据与母公司报表数据差异可以看出，2012 ~ 2018 年全体上市公司年度平均合并报表利润总额与母公司报表利润总额的差额均在

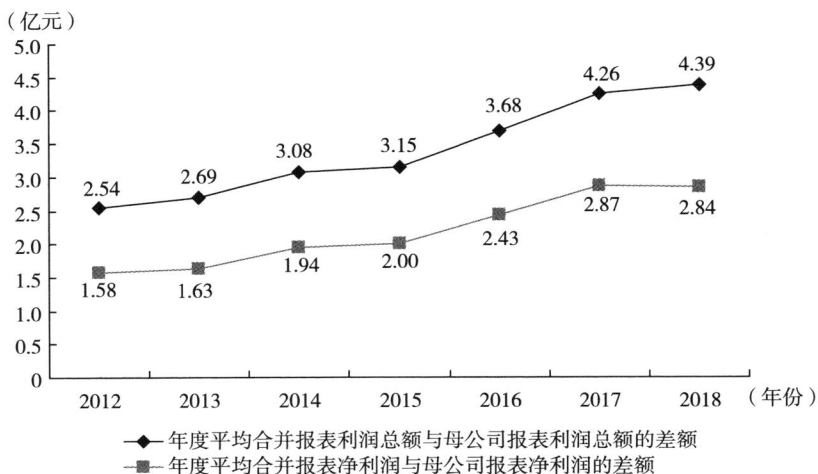

图 1 - 1　全体上市公司年度平均合并报表与母公司报表数据差异

2 亿元以上，且该差额呈逐年递增趋势，2018 年两者差异达到 4.39 亿元。2012 ~ 2018 年全体上市公司年度平均合并报表净利润与母公司报表净利润的差额均在 1.5 亿元以上，且该差额呈逐年递增趋势，2018 年两者差异达到 2.84 亿元。由此可以说明，企业合并利润表中的利润总额、净利润与母公司利润表中的利润总额、净利润均存在巨大差异。合并利润表中的利润总额、净利润均分别高于母公司报表的利润总额、净利润，这是合并财务报表放大效应最直观的表现。

此外，合并财务报表的放大效应还体现在资产负债率方面。2012 ~ 2018 年对全体上市公司合并报表平均资产负债率与母公司报表平均资产负债率进行对比，结果如图 1 – 2 所示①。由图 1 – 2 可知，2012 ~ 2018 年全体上市公司合并报表平均资产负债率在整体上呈略微下降趋势，居于 40% ~ 50%。2012 ~ 2018 年全体上市公司母公司报表平均资产负债率处于 30% ~ 40%。整体上看，合并报表平均资产负债率高于母公司报表平均资产负债率。合并报表与母公司报表平均资产负债率之间存在一定的差异，各利益相关者不能仅仅依据合并报表资产负债率对母公司偿债能力和风险水平进行判断，若仅依据合并报表资产负债率进行决策，很可能误判集团公司和母公司真实的风险水平。

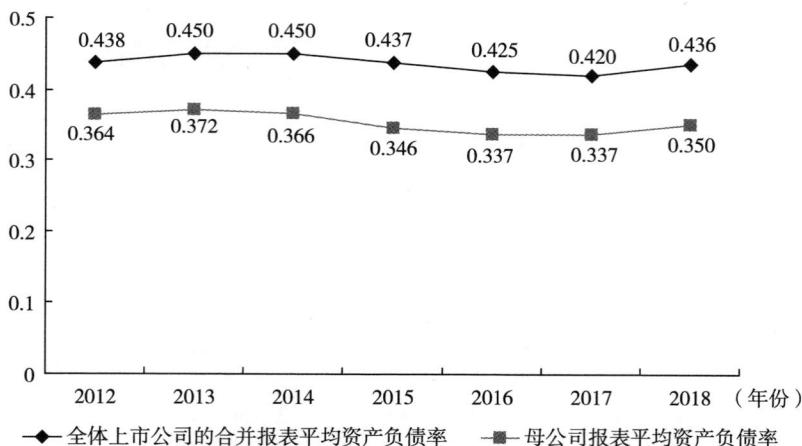

图 1 – 2　全体上市公司年度合并报表平均资产负债率与母公司报表平均资产负债率对比

① 剔除资产为 0，负债小于等于 0，资产负债率大于等于 1 的样本。

现实中，监管机构、研究机构、社会公众等高度重视企业合并报表数据。在很多情况下，大家将合并财务报表中的利润总额作为企业财务业绩和规模的衡量指标，仅关注集团公司的合并报表数据。从理论上来看，这种做法具有普适性，能够掌握企业的整体状况。但是，许多集团公司却利用合并财务报表"利己不损人"的特点，人为操控合并报表的并表范围，达到美化利润总额和净利润的目的，进而影响监管机构、投资者等报表使用者的判断。

从已有研究来看，合并财务报表一直是学术界关注的重要领域（Muller，2011），合并报表数据对社会公众、研究机构和监管机构都具有重大意义。因此，本书将对合并财务报表的放大效应及其经济后果进行深入探讨。

1.1.2 研究意义

（1）理论意义。已有对合并报表的研究大多集中在合并报表并表动机研究（Mohr，1988；Mian & Smith，1990；Cormier et al.，2004；Holt，2004）、合并报表有用性研究（Abad et al.，2000；王鹏和陈武朝，2009；何力军，2013；祝继高等，2011；王晓梅，2010）、合并报表和母公司报表信息有用性比较研究（Tucker et al.，2017；王秀丽等，2017；祝继高等，2014）、不同合并方法的价值相关性研究（Whittred & Zimmer，1994；Graham et al.，2003；Kothavala，2003；Stoltzfus & Epps，2005；Soonawalla，2006；Bauman，2007；Gordon & Morris，2014）等方面，鲜有文献关注合并报表的放大效应及其经济后果。合并报表的放大效应会造成一系列的经济后果，同时也会对公司的信息披露造成影响。因此，更加全面地分析合并报表的放大效应对会计理论的丰富和会计规则的优化有重要意义。对合并报表放大效应及其经济后果的研究拓展了合并报表相关理论研究，有助于全面、深刻地认识合并报表的放大效应导致的经济后果，有助于恰当评价合并报表规则的合理性与有效性。在评价合并理论的基础上，为合并报表准则的修订和优化提供理论基础。本书对合并报表的放大效应及其经济后果的研究，有助于检验我国会计准则国际趋同的效果，有助于评价我国现行会计准则所采用的实体理论。

基于严格控制标准确定并表范围给企业财务报表编制者提供了很大的职业判断空间，为企业操纵合并报表的并表范围带来便利。会计准则制定机构和企业的重要利益相关者又人为地提高合并报表的地位，监管机构人为地赋予合并报表法律或契约地位，如国务院国资委及地方政府国资委对国有企业的考核评价以合并报表数据为依据。在此背景下，企业管理当局更可能利用合并报表放大效应的存在，操控合并报表并表范围。基于严格控制标准确定合并范围是企业需要遵循的重要的合并报表会计处理规则。在企业按照现行合并报表会计准则编制和提供合并报表的过程中，管理当局可能出于不同的动机操控合并范围。本书有助于引导财务报表使用者清晰地认识合并报表放大效应的经济后果，以及其可能涉及的管理当局的利益。

（2）现实意义。目前，基于严格的控制标准确定合并范围存在主观性极强、弹性极大的特点，再加上公司管理当局天然具有操控财务报表的动机，现行准则又配合了管理部门的这种操控动机。另外，国务院国资委对中央企业负责人经营业绩考核指标的设定和证监会上市规则指标的设定，又人为地提高了合并财务报表的地位。在此背景下，企业管理当局更可能利用合并报表放大效应的存在，操控合并报表并表范围，实现个人私利。了解合并报表放大效应及其经济后果，有助于企业各利益相关者清楚地认识和识别合并报表信息，从而基于对合并报表信息的正确认识做出决策。对合并报表放大效应及其经济后果进行研究，不仅能够揭示合并报表运用过程中的利弊，也可以为识别和解决我国会计准则国际趋同过程中存在的问题提供合理建议。本书的研究有助于国资委、证监会等监管机构更好地认识合并报表规则的经济后果，从而制定更合理的考核标准；有助于债权人识别合并报表放大效应对企业财务数据的影响。此外，本书的研究结论对银行贷款决策还具有重要的启示作用。

财务报表是统计信息数据的重要来源渠道之一，对财税法规的实施具有关键作用，同时有助于国家宏观经济的调控（马寅初，1956；周华等，2017），会计信息服务于宏观经济管理。合并报表数据的客观、中立、可靠关系到各利益集团利益分配的公平、公正，研究合并报表放大效应及其经济后果，并对现行准则提出优化建议，有助于维护公众利益。此外，研究合并报表放大效应对高管薪酬、债务融资成本等有关企业经营管理方面的影响，对深入理解会计准则对中国企业管理与经济发展的影响具有重要的意义。

1.2 研究问题与研究目标

在企业的重要利益相关者人为地赋予合并财务报表法律或契约地位的背景下，合并财务报表越来越受投资者、监管机构和公司管理层的重视，甚至开始逐渐取代母公司报表，成为企业监管机构、投资者以及企业管理当局等财务报表使用者关注的重点。在会计准则国际趋同的大环境下，合并财务报表的放大效应及其经济后果能否被各个国家或者地区的会计准则制定机构识别，投资者、债权人、监管机构能否深刻认识合并财务报表的放大效应，真正掌握企业的经营状况和盈利情况，这些问题仍待进一步研究。本书针对合并财务报表的放大效应，运用理论分析和实证检验等方法，深入研究合并财务报表放大效应的产生原因以及合并财务报表放大效应对高管薪酬、债务融资成本的影响等问题。

具体来说，本书将重点关注以下几个方面的问题：

第一，合并财务报表的放大效应是什么？其形成的背景和原因是什么？

第二，现行会计准则基于严格控制标准确定合并范围，企业是否会操纵合并范围（即对于特定的长期股权投资，是有选择性地将被投资单位并入合并财务报表，还是仅采用权益法进行核算），从而达到操控财务报表结果的目的？换言之，什么样的投资企业会倾向于将被投资企业并入表内？投资企业会倾向于将什么样的被投资企业并入表内？

第三，合并财务报表的放大效应对高管薪酬有何影响？合并财务报表的放大效应影响高管薪酬的作用机制是什么？高管持股是否会影响合并财务报表的放大效应与高管薪酬之间的关系？合并财务报表的放大效应对超额高管薪酬有何影响？

第四，合并财务报表的放大效应对债务融资成本有何影响？合并财务报表的放大效应影响债务融资成本的作用机制是什么？四大会计师事务所是否会影响合并财务报表的放大效应与债务融资成本之间的关系？

第五，应该如何对现行合并财务报表会计准则进行优化？

本书试图通过理论分析与实证检验的研究方法，深入剖析与系统梳理合并财务报表的放大效应的逻辑基础与理论基础，从多个视角考察合并财务报表放大效应导致的经济后果，在此基础上评价我国合并财务报表会计准则以及现行会计准则所采用的实体理论的合理性和有效性，从合并财务报表的角度评价我国会计准则国际趋同的效果，最终为我国合并财务报表会计准则的优化提供建议。

1.3 研究对象与相关概念界定

1.3.1 研究对象

本书的主要研究对象为相对于母公司个别报表而言，合并财务报表的放大效应。CAS33（2014）规定，应当以控制为基础确定企业合并财务报表的并表范围。也就是说母公司应将其控制的子公司纳入合并范围，编制合并财务报表，用以反映由母公司及其所有子公司组成的整个企业集团的经营成果、财务状况与现金流量。由于投资企业将一家被投资企业纳入合并财务报表的并表范围，从而导致合并财务报表所反映的资产、负债、收入、费用、利润要素和现金流入、现金流出等报表项目的金额相对于母公司个别财务报表而言被放大的现象，被称为合并财务报表的放大效应。合并财务报表的放大效应包括合并利润表放大效应、合并资产负债表放大效应以及合并现金流量表放大效应。

合并利润表放大效应包括对利润表中各收入、费用项目，以及营业利润、利润总额和净利润等项目的放大效应，财务报表使用者通常会重点关注利润表所列的收入、利润总额和净利润。就利润总额来说，将子公司纳入合并财务报表后，子公司的全部利润总额，除了受内部交易的影响之外，都会在合并利润表的利润总额中得以反映。总之，在母公司对子公司的长期股权投资采用成本法进行会计核算的情况下，母公司将子公司纳入合并报表的并表范围会对合并利润表产生放大效应。特别是在子公司为非全资子公司的情况下，母公司将子公司利润表中各个项目的金额纳入合并利润表，会形成合并利润表更大的放大效应。

合并资产负债表的放大效应包括对资产、负债和所有者权益的放大效应。将子公司纳入合并财务报表后，子公司的全部资产、负债以及所有者权益中属于少数股东的部分（即少数股东权益）会在合并资产负债表中得以反映，这就必然会放大公司的资产、负债和所有者权益，形成资产负债表的放大效应，同时还会产生综合影响，形成对资产负债率的放大效应。同样的道理，将一家被投资企业纳入合并财务报表的范围，也必然会形成合并现金流量表的放大效应。

不但在公司层面上，与母公司财务报表相比，合并财务报表会对财务报表数据产生放大效应，而且基于现行会计准则编制的合并财务报表还会对行业数据和宏观经济数据产生放大效应，如合并财务报表会对行业利润产生放大效应。举例来看，2016 年保利地产（证券代码：600048）、滨江集团（证券代码：002244）、杭州滨岚企业管理有限公司（以下简称滨岚管理）三家房地产公司分别持有合资项目公司杭州滨保房地产开发有限公司（以下简称滨保公司）34%、33% 和33%①的股份。保利地产 2016 年的年度财务报告显示，虽然保利地产持有滨保公司半数以下股权，但是由于滨保公司的 5 名董事会成员中，保利地产占有 3 个席位，即在董事会中占有多数席位，据此认为保利地产能够控制滨保公司，因而保利地产将滨保公司纳入合并财务报表的合并范围，保利地产合并净利润中包括滨保公司 100% 的利润。滨江集团 2016 年的年度财务报告显示，滨江集团将滨保公司作为合营企业，对滨保公司的长期股权投资采用权益法核算。滨江集团 2016

---

① 根据保利地产和滨江集团 2016 年度财务报告可以获得保利地产和滨江集团对滨保公司的持股比例分别为 34% 和 33%。根据国家企业信用信息公示系统可以查询到滨保公司的股东仅包括保利地产、滨江集团和滨岚管理。因此，可以推断出滨岚管理对滨保公司的持股比例为 33%。

年利润表中包括滨保公司 33% 的利润。滨岚管理同样持有滨保公司 33% 的股权，根据现行企业会计准则，对滨保公司的长期股权投资应采用权益法核算。滨岚管理 2016 年的利润表中同样包括滨保公司 33% 的利润。从企业层面来看，保利地产仅占滨保公司 34% 的股份，但合并财务报表中却包括了滨保公司 100% 的利润。将滨保公司全部利润纳入保利地产合并财务报表的这种会计处理方法，对保利地产合并财务报表利润产生了放大效应。从行业层面来看，由于保利地产、滨江集团和滨岚管理的报表中分别包括滨保公司 100%、33% 和 33% 的利润，则整个房地产行业的财务报告中包括滨保公司 166% 的利润，这对整个房地产行业的利润产生了放大效应，从而也对整个宏观经济数据产生了放大效应。如果一家被投资企业既有控股公司，又有一个或多个能够产生重大影响的投资企业，那么在控股公司和这些投资企业分属不同行业的情况下，合并财务报表和权益法的运用对整个宏观经济数据产生的放大效应会波及多个行业。本书主要聚焦于公司层面合并财务报表的放大效应，不涉及行业层面和宏观经济数据层面放大效应的研究。而且，在公司层面主要分析合并利润表放大效应和合并资产负债表放大效应。

1.3.2 相关概念界定

（1）合并财务报表。合并财务报表也称合并报表，是指母公司基于由母公司及其所有子公司组成的企业集团的视角编制的，以企业集团内所有公司的财务报表为基础，按照会计准则对合并报表的编制要求进行调整处理与抵销处理后所形成的用以反映企业集团整体经营成果、财务状况与现金流量的财务报表。

（2）母公司财务报表。母公司财务报表也称母公司个别财务报表。本书所称的母公司财务报表是指公司基于母公司视角，以母公司为报告主体编制的财务报表。上市公司如果拥有子公司的话，需要同时披露合并财务报表和母公司财务报表。本书所称的母公司财务报表与《国际会计准则第 27 号》（IAS 27）所定义的单独财务报表（Separate Financial Statement）在含义上存在一定区别。单独财务报表要求对企业的合营企业与联营企业投资通过《国际财务报告准则第 9

号——金融工具》（IFRS 9）中要求的方法或者成本法进行会计处理。

（3）合并财务报表放大效应。在对合并财务报表放大效应进行界定之前，我们先来看效应的定义。在《新华字典》中，效应（Effect）有两种解释：第一，效应是指由典型的事件或者人所导致的许多同类型事件或者人物的现象，如网络效应、小公司效应等。第二，效应是化学的作用或者物理的作用所产生的结果与现象，如光电效应等。此外，还有人将效应定义为由某种动因或原因所产生的一种特定的现象。效应还可以定义为：基于有限的环境，一些因素与结果所构成的一种因果现象。效应的使用范围非常广泛，并不一定是指严格定律中的因果关系或者科学定理。"效应"一词多用于对一种社会现象与自然现象的描述，例如，温室效应、蝴蝶效应、毛毛虫效应、音叉效应、木桶效应、完形崩溃效应等。

已有经济学和管理学研究中有许多对放大效应的界定。辛贤和谭向勇（2000）在对农产品价格的放大效应研究中，将粮食市场价格具有高灵敏性、在反映农产品供求变化上具有夸大性定义为粮食市场价格具有放大效应。刘红艳等（2008）将微小属性对品牌评价的影响在低知识水平条件下被放大定义为微小属性对品牌评价的放大效应。张翔等（2017）将大宗商品市场金融化的宏观经济放大效应定义为由金融化导致的大宗商品价格冲击对宏观经济波动的解释力增强。罗长林和王天宇（2017）在对地根经济的微观基础进行研究时，将土地抵押贷款的杠杆放大效应定义为土地资产的增加所导致的杠杆率的上升。此外，杠杆放大效应是指投资者基于保证金制度，通过少量的资金进行收益和风险同步放大交易。

CAS33（2014）规定，应当以控制为基础确定企业合并财务报表的并表范围。也就是说，母公司应将其控制的子公司纳入合并范围，编制合并财务报表，用以反映由母公司及其所有子公司组成的整个企业集团的经营成果、财务状况与现金流量。参考对效应的定义，结合已有研究中对放大效应的界定，本书对合并财务报表的放大效应做出以下界定：由于投资企业将一家被投资企业纳入合并财务报表的并表范围，从而导致合并财务报表所反映的资产、负债、收入、费用、利润要素和现金流入、现金流出等报表项目的金额相对于母公司个别财务报表而言被放大的现象，称为合并财务报表的放大效应。合并财务报表的放大效应包括合并利润表放大效应、合并资产负债表放大效应以及合并现金流量表放大效应。

合并财务报表的放大效应是相对于母公司个别财务报表而言的，合并财务报表所反映的资产、负债、所有者权益、收入、费用、利润要素和现金流入、现金流出等项目的金额有被放大的现象。合并报表放大效应定义的关注点如下：第一，没有排除全资子公司。在子公司为全资子公司的情况下，资产、负债、收入、费用、利润和现金流量的金额也会放大，只是所有者权益不会放大或者只有很小的放大。当然，一般来说，母公司对子公司的持股比例越低，合并财务报表的放大效应越大。第二，关于并表对"所有者权益"的放大。如果子公司为全资子公司，则所有者权益不会放大或者只有很小的放大。第三，关于并表对"利润"的放大。子公司可能是亏损的，故并表通常会放大收入、费用，但不一定放大利润。第四，对现金流量的放大也有特殊性。三大类现金流量的现金流入、流出通常都会放大，但是净流量不一定会放大，特别是"经营活动产生的现金流量净额"不一定会放大。第五，无论是基于"所有权理论"还是"实体理论"，合并财务报表都具有放大效应，只不过基于两种不同的合并理论，其放大效应的力度会有所不同。

（4）主要利益相关者。利益相关者指任何会受到公司目标实现影响的或者能够影响公司目标实现的可辨认的个人或者组织。例如，股东、客户、政府、监管机构、公共利益集团、贸易协会、竞争对手、抗议团体、工会、雇员、特定供应商、特定金融机构等。本书基于企业管理者、债权人视角研究合并财务报表放大效应的经济后果。

1.4 研究方法与结构安排

1.4.1 研究方法

本书采用的研究方法包括规范研究、史证研究与实证研究。其中，规范研究主要从合并报表理论基础视角，对合并报表放大效应的成因进行理论探析，并对合并报表并表动机、合并报表的价值相关性、合并报表和母公司报表信息有用性的比较、不同合并方法的价值相关性进行梳理，结合相关理论，解释合并报表放大效应对高管薪酬和债务融资成本的影响，并据此着重评价合并报表的会计处理准则，包括合并报表的逻辑基础是否坚实、理论依据是否充分、合并报表会计处理准则的实施是否有效。最后，探讨应该如何构建适合中国情境的合并报表会计准则。史证研究主要涉及合并报表合并范围相关标准的变迁。

实证研究的目的是检验理论分析的结果，即合并报表放大效应对高管薪酬的影响，以及合并报表放大效应对债务融资成本的影响。具体研究方法阐述如下：

（1）规范研究法。理论分析合并报表放大效应的产生背景与逻辑基础，并对现行合并报表会计准则的有效性与合理性进行分析与评价，对后续分析合并报表放大效应及其对高管薪酬、债务融资成本的影响提供理论依据。

（2）史证研究法。梳理有关合并报表并表范围确定标准的研究，归纳国际会计准则中关于并表范围确定标准的变迁、美国合并报表准则中关于并表范围确定标准的变迁，以及我国会计准则中关于并表范围确定标准的变迁，分析当前合并报表准则中并表范围确定标准呈现的特点。

（3）实证研究法。本书在实证检验企业管理当局对合并报表并表范围的操控行为存在性的基础上，通过构建合并报表放大效应的衡量指标，回归检验合并报表放大效应对高管薪酬、债务融资成本的影响。

1.4.2 结构图

本书研究的具体框架如图 1-3 所示。

```
┌─────────────────────────────────────┐
│         研究问题的提出：              │
│      合并报表具有放大效应              │
└─────────────────────────────────────┘
                  │
                  ▼
┌─────────────────────────────────────┐
│      制度背景与文献述评：              │
│  梳理会计准则关于并表范围确定标准的演进情  │
│  况，分析现行会计准则中并表范围确定标准的  │
│  不足之处等；梳理并评价合并报表并表动机、  │
│  价值相关性等                          │
└─────────────────────────────────────┘
          │                    │
          ▼                    ▼
┌──────────────────────┐  ┌──────────────────────┐
│将合并报表相关理论基础与财务报告目│  │基于合并报表本身的特征理论分析  │
│标相结合，理论分析合并报表放大效应│  │合并报表放大效应          │
└──────────────────────┘  └──────────────────────┘
          │                    │
          └────────┬───────────┘
                   ▼
┌─────────────────────────────────────┐
│        合并报表并表范围的操控          │
└─────────────────────────────────────┘
                  │
                  ▼
┌─────────────────────────────────────┐
│  从高管薪酬、债务融资成本的角度研究合并  │
│  报表放大效应的经济后果                │
└─────────────────────────────────────┘
                  │
                  ▼
┌─────────────────────────────────────┐
│        合并报表会计准则优化建议        │
└─────────────────────────────────────┘
```

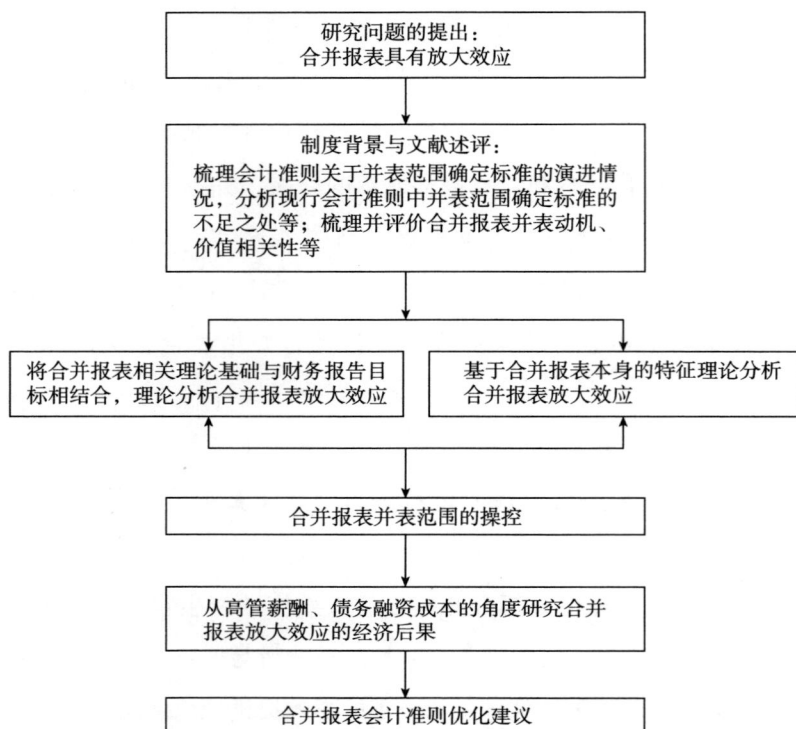

图 1 – 3　本书结构

1.4.3　结构安排

本书共有 7 章。第 1 章是导论，概括介绍了本书的研究背景、研究问题、研究对象、研究方法和研究创新等。第 2 章是制度背景与文献述评，关注并表范围确定标准的变迁与评价、重要利益相关者对合并财务报表地位的认可，从这两个方面对研究的制度背景进行介绍；文献述评部分基于合并报表并表动机、合并报表有用性、母公司报表与合并报表信息有用性比较以及不同合并方法的价值相关性四个方面展开说明，对已有研究进行总结、梳理与评述。第 3 章是理论分析与实务状况，从理论层面分析了合并报表放大效应的理论依据与逻辑基础，并以房地产行业为切入点分析了实务中合并财务报表放大效应的存在性与影响。第 4 章至第 6 章为本书的实证检验部分，包括对合并报表并表范围操控、合并报表放大效应的经济后果等给出经验证据。第 7 章是研究结论与建议，给出合并报表会计准则的优化建议。各章具体内容如下：

第 1 章，导论。本章首先对研究背景与研究意义进行介绍，其次对研究问题与研究目标进行概括总结，再次对研究对象合并财务报表的放大效应与研究涉及的相关概念予以界定和解释，最后对研究方法、研究路径、研究创新等进行总结和说明。

第 2 章，制度背景与文献述评。制度背景主要从并表范围确定标准的变迁与评价、重要利益相关者对合并财务报表地位的认可两个方面展开。一方面，分别对国际合并报表准则、美国合并报表准则和我国合并报表准则关于并表范围确定标准的变迁进行梳理和评价，并对现行并表范围确定标准与合并报表放大效应的关系进行分析。另一方面，以国资委对中央企业负责人的考核为例，说明企业重要利益相关者对合并财务报表地位的认可。文献述评部分基于合并报表并表动机、合并报表有用性、母公司报表与合并报表信息有用性比较以及不同合并方法的价值相关性四个方面展开说明，对既有研究进行总结、梳理与评述。

第 3 章，理论分析与实务状况。理论分析涉及合并报表放大效应的理论依据与逻辑基础。在对合并报表理论基础进行分析的基础上，理论分析财务报告目标与合并报表放大效应的关系，以及合并报表本身的特征与合并报表放大效应的关系。实务状况以房地产行业为切入点分析了实务中合并报表放大效应的存在性与影响。

第 4 章，合并报表的并表范围操控。本章实证检验了企业是否存在合并报表并表范围操控的问题。

第 5 章，合并报表放大效应与高管薪酬。本章主要分析了合并报表放大效应对高管薪酬的影响。

第 6 章，合并报表放大效应与债务融资成本。本章主要分析了合并报表放大效应对债务融资成本的影响，并对两者关系的作用机理进行探究。

第 7 章，研究结论与建议。本章对研究的主要结论进行总结，提出合并报表会计准则的优化建议，并对研究局限与未来研究方向进行说明。

1.5 研究创新

本书的创新之处主要表现在以下几个方面：

（1）本书检验了合并财务报表放大效应的经济后果，丰富了有关合并财务报表评价方面的研究。已有对合并财务报表的研究大多集中在合并财务报表并表动机研究、合并财务报表有用性研究、合并财务报表和母公司报表信息有用性比较研究、不同合并方法的价值相关性研究等方面，然而鲜有文献关注合并财务报表是否具有充分的理论依据以及坚实的逻辑基础，是否为财务报表的编制与使用带来了不良的经济后果。本书在肯定合并财务报表作用的同时，对合并财务报表放大效应及其经济后果进行研究，拓展了合并财务报表相关理论研究，有助于恰当评价合并报表准则的合理性与有效性。

（2）已有对合并财务报表的研究多集中在对合并财务报表价值相关性及合并财务报表和母公司报表信息含量的比较研究，研究结论多肯定合并财务报表的作用和实体理论。本书旨在研究合并财务报表的放大效应，在肯定合并财务报表作用的同时，研究合并财务报表的不足之处及其经济后果。在评价实体理论的基础上，为合并财务报表准则的修订和优化提供理论基础。通过对合并财务报表放大效应及其经济后果的研究，有助于评价我国现行会计准则所采用的实体理论，为评价我国会计准则国际趋同的效果提供借鉴。

（3）现有研究多站在投资者或监管者（周华等，2018）的视角对合并报表的经济后果进行研究，本书基于企业的管理层、债权人的视角，研究合并财务报表放大效应的经济后果，系统分析合并财务报表放大效应对管理层薪酬、债务融资成本的影响，有助于全方位地评价合并财务报表会计准则。此外，研究合并财务报表放大效应对高管薪酬、债务融资成本等有关企业经营管理方面的影响，对于深入理解会计准则对中国企业管理与经济发展的影响具有重要的意义。

（4）本书拓展了管理层薪酬方面的相关研究。已有对管理层薪酬影响因素的研究多基于并购、企业性质、管理层权力等视角（Bugeja et al.，2012；Grinstein & Hribar，2004；Coakley & Iliopoulou，2006；傅颀等，2014），鲜有文献关注合并财务报表的放大效应对高管薪酬的影响。本书拓展了合并财务报表和高管薪酬关系的研究。研究表明，合并财务报表放大效应正向影响企业高管薪酬，高管薪酬政策的制定者并不能识别合并财务报表对企业财务数据的影响，因此本书的研究对高管薪酬契约的制定具有重要的启示作用。

（5）本书拓展了债务融资成本方面的相关研究。已有对债务融资的研究主要集中在两个视角：一是基于企业内部视角研究债务融资的影响因素，如资产周转率、成长机会、企业信用、资产风险都是影响债务融资的重要因素（Myers，1977；Morris，1976；Smith & Warner，1979；Bradley et al.，1984；Harris & Raviv，1991；Smith & Watts，1992；Barclay & Smith，1995a，1995b；Goyal et al.，2002）。二是基于制度环境视角探讨企业债务融资问题（Rajan & Zingales，1995；Demirgüç – Kunt & Maksimovic，1999；Booth et al.，2001；Giannetti，2003；Fan et al.，2012）。鲜有文献关注合并财务报表对债务融资成本的影响，本书拓展了债务融资成本影响因素的研究，丰富了合并财务报表会计准则对债务融资成本影响方面的研究。研究表明，债权人根据合并财务报表放大效应的大小来调整贷款决策，并不能识别合并财务报表对企业财务数据的影响，因此本书的研究结论对优化银行贷款决策具有重要的启示作用。

2　制度背景与文献述评

2.1　制度背景

2.1.1　并表范围确定标准的变迁与评价

（1）国际会计准则关于并表范围确定标准的变迁。国际会计准则委员会（IASC）在借鉴各国合并财务报表会计处理准则的基础上，对合并财务报表会计规则进行规范，于1976年发布《国际会计准则第3号——合并财务报表》（IAS 3），对合并报表的编报与会计处理进行了规定。

1989年4月，IASC顺应经济全球化的时代发展背景，颁布了《国际会计准则第27号——合并财务报表及对子公司投资会计》（IAS 27）。IAS 27替代了原合并财务报表会计准则IAS 3。IAS 27规定母公司控制的全部公司均应纳入合并财务报表的并表范围。IAS 27给出控制的定义，控制是指对一个公司的经营政策与财务政策具有支配权，从该公司经营活动中获取利益的能力。IAS 27强调控制判断的基础为企业的表决权。IAS 27强调的控制包括间接控制与直接控制。母公司直接控制一个企业半数以上的表决权，则认为母公司对该企业存在控制，可以清楚地判断其所有权不能构成控制的情况除外。母公司通过附属企业间接控制一个企业半数以上的表决权，也认为母公司对该企业存在控制，可以清楚地判断其所有权不能构成控制的情况除外。如果按照与其他投资者的协议，拥有的表决权超过半数，此时可以将被投资单位纳入合并财务报表。依据协议或者法规，企业对被投资单位经营政策与财务政策具有决策权，也可以认定为企业能够控制被投资单位。如果企业对被投资单位的董事会或者类似机构的大部分成员具有任免权，此时也认为企业可以控制被投资单位。如果企业在被投资单位的董事会或者类似权力机构的会议中拥有多数投票权，此时也认为企业对被投资单位具有控制权。

国际会计准则理事会（IASB）于 2003 年 12 月颁布了《国际会计准则第 27 号——合并和单独财务报表》［IAS 27（2003）］。IAS 27（2003）强调合并财务报表合并范围的确定应以控制为基础，但是并没有对无多数表决权情况下控制的界定进行解释说明，这说明 IAS 27（2003）对控制定义的解释并不全面。与此同时，IASB 发布的《准则解释委员会公告第 12 号》（SIC 12）规定，合并财务报表合并范围的确定标准应采用风险报酬法，这就使 SIC 12 与 IAS 27（2003）之间存在巨大分歧。

为了解决 SIC 12 以风险报酬为基础确定合并财务报表并表范围与 IAS 27（2003）以控制为基础确定合并财务报表并表范围之间的差异，IASB 于 2008 年针对合并财务报表会计准则发布征求意见稿，以期对 IAS 27（2003）进行修订。IASB 于 2011 年 5 月颁布了《国际财务报告准则第 10 号——合并财务报表》（IFRS 10），规定应该以控制为基础确定合并财务报表的并表范围，并且所有的并表范围确定均应使用控制标准。这种将控制作为并表范围的单一确定标准的做法增强了会计处理规则的统一性，解决了 SIC 12 与 IAS 27（2003）存在分歧的缺点。此外，这种将控制作为并表范围的单一确定标准的做法有助于更好地体现不同企业之间的经济实质，同时避免风险报酬标准使用过程中的界限检验（王霞，2012）。

IFRS 10 对 IAS 27（2003）控制的情况进行了补充说明，如补充了无多数表决权情况下的控制，明确了以控制为基础确定合并财务报表并表范围的原则。IFRS 10 沿用了 IAS 27（2003）对控制的部分表述，如能够对被投资单位的重大经营财务事宜进行决策，拥有对被投资单位的管理层进行任命的权力。此外，

IFRS 10 将委托代理关系中是否存在合并或者法律严格限定的权力作为特殊考虑，并重点关注委托代理关系。IFRS 10 还对控制的定量标准与非定量标准，控制与股权分散度的关系，限制参与权、投票权与否决权的影响，潜在认股权、投票权与转股权的影响等方面进行了考虑。然而，IFRS 10 也存在一定的局限性，如没有考虑许多国家或地区存在的同一控制下的企业合并问题，导致与部分国家或地区的合并财务报表会计处理规则存在不一致的情况。

（2）美国会计准则关于并表范围确定标准的变迁。美国合并范围标准经历了从所有权比例标准到控制标准，再到实质控制标准的变化。美国第 51 号《会计研究公报》（1959）规定，合并财务报表的并表范围确定应基于多数股权。由此可见，美国最初会计准则中合并报表并表范围的确定标准为所有权比例标准，与最初国际会计准则合并报表并表范围的确定标准一致。之后，美国财务会计准则公告第 94 号《合并所有拥有多数股权的子公司》（1987）规定，合并财务报表的并表范围应基于控制权，也就是说母公司应将其控制的被投资单位纳入合并财务报表并表范围，暂时控制的情况除外。从《会计研究公报》（1959）到《合并所有拥有多数股权的子公司》（1987）的并表范围标准变化，体现了从所有权比例标准到控制权标准的演进。

1999 年，美国财务会计准则委员会（FASB）发布了关于合并报表准则的征求意见稿，要求重点关注基于实质控制的并表范围标准。在该征求意见稿中，控制被定义为某一经济实体指导其他经济实体经营活动时所拥有的管理决策能力与政策决策能力，从被指导的经济实体所从事的活动中限制经济实体的损失或者增加经济实体的利益。该征求意见稿对暂时控制进行了明确说明，还指出可以从被投资单位管理机构成员选举的表决权来判断是否具有实质控制。此外，征求意见稿还将各种契约的影响与潜在表决权考虑在内，对重新确认母子公司关系的情况进行了明确。合并报表并表范围的确定标准为规则导向下的控制标准。

20 世纪初"安然事件"发生以后，FASB 高度重视特殊目的实体的并表问题，并于 2013 年 1 月 17 日发布第 46 号解释公告。第 46 号解释公告指出，假如可变利益实体的剩余报酬大部分可以由某一企业收取，或者可变利益实体的损失或者风险需要由某一企业承担，抑或以上两种情形都有，那么受益方企业应将可变利益实体纳入合并财务报表的并表范围。表外融资结构、特殊目的实体与类似实体都属于可变利益实体。以上规定是对原则导向下的实质控制的体现。假如一个企业承担着一个可变利益实体的主要风险，且拥有着该可变利益实体的主要利益，那么该企业就会有控制该可变利益实体的动机（储一昀和林起联，2004）。"安然事件"后，合并报表并表范围的确定标准给财务报表编制人员提供了较大的职业判断空间，体现了会计准则的原则导向。可见，美国合并范围标准经历了多数股权标准到控制权标准，再到实质控制标准的变化，合并范围的界定标准日趋复杂。

（3）我国会计准则关于并表范围确定标准的变迁。与国际合并报表准则关于并表范围的确定标准、美国合并报表准则关于并表范围的确定标准的演变大致相同，我国合并报表准则并表范围的确定标准也大致经历了由所有权比例标准、比例标准和控制标准相结合到严格控制标准的转化。表 2 - 1 梳理了我国合并报表并表范围标准的发展历程。

表 2 - 1　我国合并报表并表范围标准的发展历程

发布时间（年）	文件名称	并表范围标准
1985	《中华人民共和国中外合资经营企业会计制度》	附属企业
1992	《股份制试点企业会计制度》	比例标准
1992	《企业会计准则》	比例标准 + 控制标准
1995	《合并会计报表暂行规定》	控制标准，对控制进行明确的比例解释
1996	《财政部关于合并会计报表合并范围请示的复函》	合并范围的重要性原则采用比例标准
1997	《企业兼并有关会计问题暂行规定》	保留法人资格的被兼并企业
1998	《股份有限公司会计制度——会计科目和会计报表》	比例标准 + 控制标准
2006	《企业会计准则第 33 号——合并财务报表》	控制标准
2014	《企业会计准则第 33 号——合并财务报表》	控制标准

我国财政部于 1985 年 3 月 4 日颁布了《中华人民共和国中外合资经营企业会计制度》（财会〔1985〕16 号），对合营企业的并表范围做出了规定。为满足外方合营企业对合并报表的需求，得到各方合营企业同意后，合营企业可以在财务报告中增加其需要的会计资料。合营企业存在附属企业的，在将附属企业的财务报表与自身的财务报表合并时，应将企业与附属企业之间的往来款项等内部交易涉及的相关会计科目相互抵销。由此可以看出，合营企业的合并范围为其附属企业。

我国财政部于 1992 年 5 月 23 日发布了《股份制试点企业会计制度》（财会〔1992〕27 号），对合并报表并表范围的确定标准做出了规定。如果企业对被投资单位的投资占被投资单位资金总额的一半以上时，应该编制合并财务报表，并同时报送企业的财务报表与合并财务报表。假如某些被投资单位的经营内容特别，被投资单位自身的财务报表比纳入合并范围后的合并财务报表更加有用，则可以不编制合并财务报表，但该情况下应将该被投资单位的财务报表附在合并财务报表后面。合并财务报表并表范围的界定标准为比例标准，即投资企业对被投资企业的投资占被投资企业资金总额的半数以上。

1992 年 11 月 30 日发布的《企业会计准则》（财政部令〔1992〕5 号）指出，企业实质上拥有被投资企业控制权，或者企业对被投资单位的投资占被投资单位资产总额一半以上的，应该编制合并财务报表。如果被投资单位属于特殊行业，可以不将该被投资单位纳入合并范围，但是需要将该被投资单位的财务报表一同报送。《企业会计准则》（1992）合并范围的界定标准在《股份制试点企业会计制度》比例标准的基础上增加了控制标准。

我国第一个规范的关于合并会计报表编报的文件为财政部于 1995 年 2 月 9 日颁布的《合并会计报表暂行规定》（财会字〔1995〕11 号）。该文件规定，母公司应基于控制标准将其控制的所有子公司纳入合并财务报表。母公司持有被投资单位 50% 以上权益性资本的情况包括母公司直接持有，或者间接持有，或者通过直接和间接方式共同持有被投资单位 50% 以上权益性资本。母公司持有被投资单位 50% 或者 50% 以下的权益性资本，但母公司对被投资单位可以形成控制的，仍然需要将被投资单位纳入合并财务报表的并表范围。母公司对被投资单位可以形成控制的情况包括以下几种：第一，根据协议或者章程，有权控制被投资单位的经营与财务政策。第二，与被投资单位的其他投资者存在协议，通过协议持有被投资单位 50% 以上的表决权。第三，在董事会等类似权力机构会议上拥有 50% 以上的投票权。第四，拥有任免董事会或者类似权力机构会议的多数成员的权力。《合并会计报表暂行规定》（以下简称《暂行规定》）规定的合并范围虽然为控制标准，但对控制标准进行了详细明确的比例解释。《暂行规定》虽然极大地促进了我国合并会计报表理论与实务的发展，但其理论定位不是十分清晰，既不是所有权理论，也非实体理论，更非纯粹的母公司理论（黄世忠和孟平，2001）。

我国财政部于 1996 年 1 月 9 日发布的《财政部关于合并会计报表合并范围请示的复函》（财会二字〔1996〕2 号）指出，依据重要性原则，当子公司资产总额比率（该子公司资产总额的合计额÷母公司资产总额与其所有的子公司资产总额的合计额）、销售收入比率（该子公司销售收入的合计额÷母公司销售收入与其所有的子公司销售收入的合计额）及当期净利润额比率（该子公司当期净利润中母公司所拥有的数额÷母公司当期净利润额）都低于 10% 时，允许将子公司排除在合并范围以外。可以看出，对合并范围的重要性原则依然采用比例标准。

我国财政部于 1997 年 8 月 7 日颁布的《企业兼并有关会计问题暂行规定》（财会字〔1997〕30 号）指出，被兼并企业被兼并企业接受，在被兼并企业保留法人资格的情况下，兼并企业应该于兼并日编制合并财务报表。《企业兼并有关会计问题暂行规定》规范了兼并中的合并财务报表相关问题，规定保留法人资格的被兼并企业应纳入兼并企业的合并报表。

我国财政部于 1998 年 1 月 27 日发布的《股份有限公司会计制度——会计科目和会计报表》（财会字〔1998〕7 号）指出，企业对被投资单位拥有实质控制权，或者持有被投资单位半数以上的资本总额的情况下，应该将被投资单位纳入合并范围，编制合并财务报表。此外，应该依据《暂行规定》执行合并财务报表的合并原则、合并范围、编制方法与程序，企业还应该按照比例合并法将合营企业的资产、收入、负债、费用、利润等项目纳入合并财务报表。《股份有限公司会计制度——会计科目和会计报表》对合并报表并表范围的规定既有比例标准（公司对其他单位投资如占该单位资本总额 50% 以上），又包括控制标准（对被投资单位具有实质控制权）。

继 1995 年 FASB 发布《合并财务报表——政策与程序》征求意见稿拟以实体理论取代母公司理论后，其他国家的会计准则制定机构也对合并财务报表的编制理念进行了思考（黄世忠和孟平，2001）。IAS 27 在合并会计报表编制的规定中也充分体现了实体理论，如要求少数股东权益计入合并资产负债表的所有者权益项目中，与母公司所有者权益分开列示；少数股东损益计入合并净利润并单独列示。为顺应经济全球化的趋势，建立符合我国市场状况且与国际会计准则趋同的会计规则体系，2006 年 2 月 15 日我国财政部发布了由一项基本会计准则与 38 项具体会计准则组成的新会计准则体系。合并报表编制所依据的理论同《暂行规定》相比发生了重大变化，开始由侧重母公司理论转向侧重实体理论（张然和张会丽，2008）。其中，最大的变化是依据《暂行规定》确定的合并净利润不包括少数股东损益，而依据 CAS33（2006）确定的合并净利润中包括少数股东损益在内。因此，在子公司盈利的情况下，基于 CAS33（2006）所编制的合并报表对净利润的放大效应更大一些。

CAS33（2006）规定，合并报表的并表范围应当以控制作为判断标准。控制的定义为：企业拥有对被投资单位的经营政策与财务政策的决定权，并且可以从被投资单位的经营活动中得到利益的权力。如果母公司通过直接方式或者间接方式而拥有被投资方 50% 以上的表决权，这就说明母公司可以对被投资方形成控制，应该将被投资单位纳入合并报表的并表范围，除非有证据表明母公司不能对被投资单位形成控制。母公司拥有被投资方 50% 或者 50% 以下的表决权，但母公司对被投资单位可以形成控制的，仍然需要将被投资单位纳入合并财务报表的并表范围。母公司对被投资单位可以形成控制的情况包括以下几种：第一，根据企业的协议或者章程，对被投资方的经营与财务政策具有决定权。第二，与被投资单位的其他投资者存在协议，通过协议持有被投资单位50%以上的表决权。第三，在被投资单位的董事会等类似权力机构会议上拥有多数表决权。第四，拥有任免被投资方董事会等类似权力机构会议的多数成员的权力。除非有证据表明母公司不能对被投资单位形成控制。在判断投资方能否对被投资方形成控制时，应考虑投资方和其他单位持有的被投资方的当期可执行的认股权证与当期可转换的可转换公司债券等潜在的表决权因素。母公司应将其所有的子公司纳入合并报表的并表范围，编制合并财务报表。新会计准则发布后，合并财务报表并表范围的界定采用控制标准，其重要特点是包含大量职业判断，增添了编报者和使用者主观判断的因素，提升了编报和使用的难度。同时，合并财务报表又具有"利己不损人"的独特优势，这就使合并财务报表成为管理当局操控财务报表，谋求职位晋升和薪酬增加，达到业绩考核指标等目标的一种途径和手段。

为保持与国际会计准则的持续趋同，规范我国合并报表的编制与列报，我国财政部于2014年2月17日对《企业会计准则第33号——合并财务报表》进行了修订。CAS33（2014）规定，企业应当以控制为基础确定合并报表的并表范围。控制是指投资单位拥有对被投资单位的权力，投资单位通过参与被投资单位的相关活动而享有可变回报，且有能力运用对被投资单位的权力影响其回报金额。被投资单位的相关活动应依据具体情况判断，对被投资单位的回报能够产生重大影响的活动为相关活动，如被投资单位的金融资产的管理、商品或劳务的销售和购买、研究与开发活动、资产的购买和处置与融资活动等。修订后控制的定义较CAS33（2006）对控制的定义更加复杂难懂，之所以要将控制的定义变得如此复杂难懂，是因为在确定合并财务报表的合并范围时，控制涉及两类不同的情况：一是源于表决权或类似权力的控制；二是源于其他权力的控制。这种控制主要是由合约保障的权力形成控制，如企业对特殊目的实体的控制。在确定合并财务报表的合并范围时，对于上述两种权力形成的控制，以前的会计准则采取分别规范的做法，而修订后的会计准则试图对两种不同权力形成的控制采用相同的评价标准，因此控制的定义也变得复杂难懂。复杂难懂的控制标准为管理层谋求私人利益提供了更加隐蔽的方式和手段。

我国合并财务报表并表范围的确定标准经历了由比例标准到比例标准和控制标准相结合，再到严格控制标准的转化，正是这种日趋复杂的合并范围界定标准给管理层谋取个人私利提供了机会。根据代理理论，管理层为了降低违反借款合同的可能性（Sweeney，1994），实现自身奖金最大化（Healy，1985），满足投资者的盈余预期及维持声誉（Keung et al.，2010）等，均存在进行盈余管理的动机。根据舞弊三角理论，当压力、机会和自我合理化三个要素同时存在时，应警惕企业的舞弊行为（綦好东，2002；洪荭等，2012）。盈余管理的动机为舞弊提供了压力，复杂的合并范围界定标准属于机会因素，为企业舞弊行为提供了机会。

（4）并表范围确定标准的评价与合并报表的放大效应。当投资企业拥有被投资单位 100% 的股权（或拥有 100% 的经济利益、承担 100% 的风险）时，会计主体突破法律界限，将这样的被投资单位并表是有其必要性的，也不存在操作上的困难。当投资企业拥有被投资单位大多数股权（或拥有大多数经济利益、承担大多数的风险）时，会计主体突破法律界限，将这样的被投资单位并表仍然有其必要性，仍然不存在较大的操作上的困难。但是，一旦再进一步扩展到控制的理念，合并主体的边界就难以掌控了，甚至可以说是失控了，或者说必然会导致合并范围失控、合并主体的边界失控的结局。也就是说，控制标准导致失控具有必然性。而且，并表在本质上是一种统计方法，具有"利己不损人"的特点，极为方便使用者操纵报表。

在过去几十年中，合并范围的确定标准发生了巨大变化，从基于规则导向的投票权模型到基于原则导向的风险回报模型（IAS 27）和可变回报模型（IFRS 10），从比例标准到比例标准和控制标准相结合，再到严格的控制标准的转化，标准的运用需要越来越多的专业判断。基于规则导向的比例标准，企业很容易确定合并范围。然而，原则导向下严格控制标准确定合并范围却存在极大的弹性，企业可以避免并入盈利差的不良被投资单位，或者实现对盈利良好被投资单位的并表，进而起到粉饰企业财务报表的作用。例如，已有研究表明，将被投资方的债务保留在合并资产负债表之外是企业避免将被投资方纳入合并报表的动机（Mian & Smith，1990）。许多未合并的被投资方是资本不足的实体（Mohr，1988）。

本书所讲的合并报表操纵不是真实活动盈余管理，在某种程度上有些接近账面盈余管理。企业为了放大合并报表项目的金额而去操纵合并范围，与现实中的合并行为并没有直接关系。不管有没有合并行为，都可以操纵合并范围。

2.1.2　重要利益相关者对合并财务报表地位的认可

在过去的几十年里，合并财务报表的地位得到了大幅提升。与此同时，随着金融创新的快速发展，结构化主体不断涌现，给合并范围的确定带来极大的难题。合并财务报表具有统计性质，本来不涉及直接的、真正的利益关系，但是有关方面人为地将其与利益联系起来。这是导致目前复杂的现状的根本原因。下面我们重点以国资委的规定来说明企业重要利益相关者对合并财务报表地位的认可。

2003 年 12 月 25 日国资委出台的《中央企业负责人经营业绩考核暂行办法》规定，年度净资产收益率与利润总额两个指标为中央企业负责人经营业绩考核的基本指标。中央企业负责人考核所依据的利润总额为合并财务报表中的利润总额加上本期应承担的以前年度亏损后的金额。此外，中央企业负责人的经营业绩考核年度综合分数 = 净资产收益率指标得分 × 经营难度系数 + 利润总额指标得分 × 经营难度系数 + 分类指标得分 × 经营难度系数，其中经营难度系数根据企业净资产、资产总额、营业（销售）收入、利润总额、职工平均人数、离退休人员占职工人数的比重等因素加权计算，分类确定。中央企业负责人的奖惩与年度经营业绩考核结果相挂钩。由此可以看出，中央企业负责人的经营业绩考核很大程度上是基于合并报表数据开展的，这是企业监管部门对合并报表地位认可的体现。

虽然 2006 年、2009 年、2012 年、2016 年、2019 年国资委对央企负责人经营业绩考核办法进行了多次修订，但是中央企业负责人的经营业绩考核均与合并财务报表利润总额或净利润挂钩。例如，2006 年 12 月 30 日国资委颁布的《中央企业负责人经营业绩考核暂行办法》规定，年度净资产收益率与利润总额指标为中央企业负责人经营业绩考核的两个基本指标。中央企业负责人考核所依据的利润总额为合并财务报表中的利润总额加上本期应承担的以前年度亏损扣除非经常性收益后的金额。如果企业上年年度利润总额实际完成值和目标值的平均值大于企业当年年度利润总额目标值，原则上企业最终考核结果不得进入最高级别 A 级。对于上年利润总额大于当年利润总额的企业，企业考核结果无论处于什么级别，其负责人的绩效薪酬倍数均应比上年低。

国资委于 2009 年 12 月 28 日发布的《中央企业负责人经营业绩考核暂行办法》明确提出，经济增加值与利润总额指标为中央企业负责人经营业绩考核的两个基本指标。其中，将经核定的企业税后的净营业利润与资本成本的差额定义为经济增加值。利润总额是指经核定的合并利润表中的利润总额。在计算利润总额过程中可以扣除非经常性收益，加上当期应承担的以前年度亏损。中央企业负责人的年度经营业绩考核和任期经营业绩考核均会受到经营难度系数的正向影响，而经营难度系数根据企业净资产收益率、资产总额、利润总额、营业收入、经济增加值、职工平均人数等因素加权计算，分类确定。经营难度系数是根据企业的合并财务报表数据计算得出的。由此可以看出，合并财务报表数据对中央企业负责人经营业绩考核影响深远。

国资委于 2012 年 12 月 29 日颁布的《中央企业负责人经营业绩考核暂行办法》明确指出，经济增加值与利润总额指标为中央企业负责人经营业绩考核的两个基本指标。其中，利润总额是指经核定的合并利润表中的利润总额。在计算利润总额过程中可以扣除非经常性收益，加上经核准的企业因为处理历史遗留问题等而对企业经营业绩产生关键影响的因素。如果企业的经济增加值或者利润总额为负值且没有得到改善，原则上企业的最终考核结果不能进入最高级别 A 级。对于上年利润总额大于当年利润总额的企业，企业考核结果无论处于什么级别，其负责人的绩效薪酬倍数均应比上年低。与 2009 年颁布的中央企业负责人考核办法相比，2012 年中央企业负责人的考核办法最大的变化是用业绩考核系数替代了经营难度系数，并将业绩考核系数定义为由企业利税总额、资产总额、经济增加值、净资产收益率、营业收入、技术投入比率、职工平均人数等因素加权计算，分类确定。业绩考核系数依然是根据合并财务报表计算得出，正向影响中央企业负责人年度经营业绩考核和任期经营业绩考核。

国资委于 2016 年 12 月 8 日颁布的《中央企业负责人经营业绩考核办法》指出，中央企业负责人工资总额预算与利润总额目标值结合；考核计分、结果评级与企业年度经济增加值、利润总额指标目标值挂钩。国资委于 2019 年 3 月 7 日发布的《中央企业负责人经营业绩考核办法》指出，中央企业负责人工资总额预算与净利润等经济效益指标的目标值结合，工资预算水平由目标值先进程度来确定；考核计分、结果评级与企业年度经济增加值、净利润指标目标值挂钩。与 2016 年颁布的中央企业负责人考核办法相比，2019 年中央企业负责人考核办法的变化为：在年度考核基本指标中用净利润替换利润总额，但依然依据合并财务报表净利润数据。

一方面，合并财务报表具有放大效应。基于严格控制标准确定并表范围存在极大的弹性，企业管理层具有天然操纵财务报表的动机。另一方面，企业的监管部门国资委将中央企业负责人的考核与财务报表数据相关联，体现了其对合并财务报表地位的认可。企业监管部门对合并财务报表的推崇又助推了企业管理当局利用并表范围确定标准的弹性操纵合并财务报表数据的行为。

2.2　文献述评

2.2.1　合并报表并表动机研究

合并范围和控制的概念具有很强的联系，在合并报表中扮演重要角色（Muller，2011）。因此，涉及合并范围和控制概念的合并报表并表动机研究是合并报表研究的重要领域之一（Mohr，1988；Mian & Smith，1990；Weygandt et al.，1994；Barth et al.，1995；Warfield et al.，1996；Hartgraves & Benston，

2002；Cormier et al.，2004；Holt，2004；Larson，2008；Day & Psaros，2014）。

合并报表并表范围的确定存在隐藏负债的动机。Mohr（1988）在一个非合并投资对象的样本中发现，超过一半的投资对象的债务权益比率超过 3∶1。也就是说，许多未合并的被投资方是"资本不足"的实体。将被投资方的债务保留在合并资产负债表之外是企业避免将被投资方纳入合并报表的动机（Mian & Smith，1990）。例如，创建特殊目的实体。Cormier 等（2004）以 1990～1997 年拥有财务子公司的法国公司为研究样本，对合并财务子公司的动机进行研究。研究结果表明，财务子公司的负债水平越高，样本公司越不愿意将财务子公司纳入合并范围。

此外，Cormier 等（2004）的研究还表明，财务子公司的规模越大、股权集中度越高、信贷活动范围越广，样本公司越不愿意将财务子公司纳入合并范围。这支持了限制合并例外和增加表外活动披露的举措。Holt（2004）对是否应将境外子公司纳入合并范围进行了研究。研究结果表明，将境外子公司纳入合并范围会降低合并报表的有用性，这主要是由于美国的财务报告使用者无法参考境外环境对财务报表进行分析。如果放弃将境外子公司纳入并表范围，仅将境内子公司纳入合并报表的并表范围，此时合并报表将包含更多有用的信息，还可以降低编制成本。

2.2.2　合并报表有用性研究

Ball 和 Brown（1968）研究发现，财务报表盈余信息具有信息含量。此后，涌现了大批研究财务报表信息有用性的文献，包括不同财务报表项目的信息有用性分析（Chen & Wang，2004；Kerstein & Kim，1995；Strong & Walker，1993）、不同会计准则体系财务信息有用性的比较分析（Barth et al.，2008；姜国华等，2006；Auer，1996；李晓强，2004；Barth & Clinch，1996；潘琰等，2003；Rees & Elgers，1997；Niskanen et al.，2000；Leuz，2000；Harris & Muller，1999）、基于不同会计方法与会计政策成本信息有用性的比较研究（Aboody & Lev，1998）、公允价值计量的价值相关性研究（Aboody et al.，1999，2004；Barth et al.，

1994；Ahmed & Takeda，1995）等。

对于合并财务报表价值相关性研究，学术界有不同的观点。一种观点认为，合并报表不存在价值相关性。例如，Darrough 和 Harris（1991）研究发现，在日本，合并报表的价值相关性特别小或者几乎没有信息增量。由于日本特殊的股权结构和制度背景，合并报表不具有价值相关性的结论不存在普遍性。Abad 等（2000）研究发现，按照主体理论编制合并财务报表时，作为合并利润表净利润组成部分的少数股东损益不具价值相关性。周华等（2018）的案例研究表明，合并财务报表对经济监管的有用性与可靠性值得怀疑，这是因为合并财务报表的并表范围缺乏合理的判断标准，合并财务报表包含的信息缺乏明确的边界。

另一种观点认为，合并财务报表是有用的。目前，各国对于合并财务报表有两种不同的制度安排：一种是母公司同时披露母公司报表和合并报表的双重披露制，典型代表国家为中国；另一种是母公司不需要对外披露母公司报表，仅需要对外披露合并报表的单一披露制，目前加拿大和美国等国家采用单一披露制（何力军，2013）。双重披露制的基本逻辑是合并报表不能替代母公司报表，母公司报表信息与合并报表信息均有用。单一披露制的基本逻辑是合并财务报表的有用性要比母公司报表的有用性高。无论是双重披露制还是单一披露制，其基本逻辑都表明合并报表是有用的。祝继高等（2011）研究发现，合并报表净利润是银行信贷决策的重要依据。王晓梅（2010）认为，合并报表在企业集团存在整体授信的情况下，或者子公司与母公司存在交叉担保的情况下可以为银行等债权人提供有用的信息。

此外，Abad 等（2000）选取 1991～1997 年西班牙马德里证券交易所的 474 个非金融公司作为研究对象，发现合并报表信息具有价值相关性。王鹏和陈武朝（2009）的研究发现，合并报表是有用的，因为企业偿债与盈利能力等方面的风险可以通过合并报表数据揭示出来。与母公司理论下编制的合并报表相比，主体理论下编制的合并报表更有相关性。张然和张会丽（2008）以 2007 年新会计准则实施为研究契机，对合并财务报表理论变迁的经济后果进行研究。研究发现，少数股东损益与少数股东权益的价值相关性在 2007 年实施新会计准则后得到提升，且其提升幅度要高于盈余和净资产其他组成部分的提升幅度，这说明合并报表在 2007 年新会计准则实施后其信息含量也得到增加。王秀丽等（2017）以 2009～2014 年的财务危机公司作为研究对象，发现合并财务报表信息能够发挥财务危机预警的作用。因为合并报表是站在集团公司的角度编制的，合并报表包含子公司增量信息使报表使用者能够掌握集团整体的财务状况。合并财务报表编制过程中的调整和抵销分录已经排除了集团内部交易等可能的操纵财务报表的行为，这就给银行等债权人与股东提供了信息支持，同时提升了合并报表的财务危机预警效果及其有用性。以上研究均支持了合并财务报表的实体理论。

2.2.3　母公司报表与合并报表信息有用性比较研究

关于合并财务报表信息含量和母公司报表信息含量的比较存在三种观点：第一种观点认为，合并财务报表的信息含量并未优于母公司报表的信息含量。戴德明等（2006）的研究发现，母公司报表在分析企业偿债能力与财务状况方面能够提供增量信息，合并财务报表信息在预测集团经营成果和现金流量方面并没有显著优于母公司报表信息。李阳（2015）发现，母公司报表的股利支付契约有用性高于合并报表，且母公司利润表比合并利润表更具债务契约相关性。王鹏和陈武朝（2009）以 2001～2007 年的数据为研究对象，发现合并报表并没有在所有的样本区间都比母公司报表更具相关性。Walker（1976）研究发现，合并利润表在利润披露方面并没有比母公司利润表更好。Francis（1986）研究发现，在某些情况下，如母公司并没有依据合并报表指标制定债务契约且母公司不存在为子公司担保的情况时，债权人只需要聚焦母公司报表。王秀丽等（2017）以 2009～2014 年的财务危机企业为研究样本，发现当母公司采用经营主导型战略时，母公司报表数据的财务预警效果优于合并报表。

第二种观点认为，合并财务报表比母公司报表更具价值相关性。单一披露制下，以合并财务报表取代母公司报表，母公司只对外提供合并财务报表而不提供自身的财务报表，其逻辑表明合并财务报表比母公司报表更为有用。此外，Abad 等（2000）选取 1991～1997 年西班牙马德里证券交易所的 474 个上市公司为样本，研究母公司报表信息与合并财务报表信息的价值相关性，发现与母公司报表信息相比，合并财务报表信息中包含增量价值相关性信息。王秀丽等（2017）选取 2009～2014 年的财务危机企业为研究样本，发现当母公司战略为投资主导型时，母公司报表预警效果显著低于合并报表的预警效果，这是由于合并财务报表中的增量信息增加，母公司报表的整体预警效果略低于合并财务报表。祝继高等（2014）选取 2007～2011 年 A 股上市公司为研究样本，发现与经营主导型的母公司相比，投资主导型的母公司的债权人决策更多地依据合并报表净利润与母公司报表净利润的差额。此外，投资主导型的母公司的股东决策更少地依据母公司净利润。

第三种观点认为，母公司报表信息应与合并报表信息相互补充，为利益相关者提供有用信息。Tucker 等（2017）以美国银行为研究样本，考察了母公司资产负债表是否对母公司债权人有用。研究发现，控制合并报表资产负债率后，母公司报表资产负债率与信用违约掉期（Credit Default Swaps，CDS）的溢价（母公司的违约风险的价格）正相关；在报告母公司资产负债表后，母公司的资产负债率与信用违约掉期溢价的波动性呈正相关关系；母公司资产负债率对于低信用评级的公司来说更有用，支持了用母公司报表或其他有关母公司信用风险信息补充合并财务报表信息的观点。

何力军（2013）以我国沪深 A 股上市公司为研究样本，通过对双重披露制下的样本公司合并报表和母公司报表的检验发现，合并—母公司报表差异于"本质"上是否存在不同是母公司报表和合并报表整体有用性提高的原因，而非合并—母公司报表的差异于"数量"上的单纯扩大。合并报表与母公司报表最本质的区别体现在报告主体上，并且从市场经济的发展规律看，经济越发展，就越是表现出法治化、契约化的特点，因此应以母公司报表与合并报表在报告主体上的不同作为切入点，对母公司报表与合并报表在目标定位、确认和计量、披露等内容上，全面而不是仅限于从某一项或某几项会计处理方法着手，优化合并报表与母公司报表之间分工与协作，以进一步完善双重披露制度。

陆正飞和张会丽（2010）研究表明，债权人与股东决策所依据的盈利信息为合并利润表中的净利润，此外，母公司报表中的净利润能够对合并净利润起到补充信息的作用。就上市公司股利分配而言，母公司只有依照合并报表净利润与母公司报表净利润两者孰低原则进行股利分配，才能确保财务稳健。从内部业绩评价的角度看，考评母公司管理层的业绩时，在评价体系中应赋予合并报表和母公司报表净利润以适当的权重，从而既起到有效激励的作用，又有利于财务资源的集中控制。刘琳和郑建明（2014）从集团资金管控的视角出发，阐述如何利用母公司报表与合并报表的对比识别资金管控模式，重点分析债权人应在何种情况下更多地利用母公司报表信息来分析企业集团的财务状况以及识别集团潜在风险。

2.2.4 不同合并方法的价值相关性研究

部分已有文献对不同合并方法的价值相关性进行了比较研究（Whittred & Zimmer，1994；Graham et al.，2003；Kothavala，2003；Stoltzfus & Epps，2005；Soonawalla，2006；Bauman，2007；Gordon & Morris，2014）。第一，比例合并法和权益法价值相关性的比较研究。Kothavala（2003）以加拿大公司为研究样本，对比例合并法和权益法进行比较分析。研究发现，在解释价格波动性方面，与基于权益法的财务报告相比，基于比例合并法的财务报告与风险更具价值相关性；与基于比例合并法的财务报告相比，基于权益法的财务报告与债券评级更具相关性，这表明不同的市场参与者使用财务报表信息的方式不同。Stoltzfus 和 Epps（2005）以美国利率相对稳定的 1994 ~ 1998 年数据为研究样本，研究与权益法核算的会计数字相比，债券风险溢价是否与比例合并法核算的会计数字更相关。研究结果表明，当公司担保合营企业的债务时，按比例合并法将为债权人提供更多价值相关的信息。Bauman（2007）以美国制造业企业为研究样本，对比例合并法和权益法在债务评级中的相关性进行研究。研究结果表明，与权益法相比，比例合并法对债务评级的解释能力更强。

第二，合营企业和联营企业分类信息的价值相关性研究。Soonawalla（2006）基于加拿大、英国和美国对合营企业和联营企业信息披露制度的不同（与美国公认会计原则不同，加拿大和英国的会计原则要求披露合营企业和联营企业的详细信息），对三国的数据进行比较分析，研究合营企业和联营企业会计信息合并造成的预测和估值信息损失。合营和联营投资数量合计、合营企业收入和费用合计都会导致预测和估值信息的损失。因此，美国会计原则可能隐藏了财务报告使用者用于预测未来收益和解释股价的信息。Kothavala（2003）以加拿大公司为研究样本，同样发现未披露分类合营会计信息掩盖了帮助市场参与者评估风险的信息。

2.2.5　对已有文献研究的述评

合并财务报表的相关研究一直是学术界关注的重要领域（Muller，2011）。已有对合并财务报表的研究大多集中在合并财务报表并表动机、合并报表有用性、合并报表和母公司报表信息有用性的比较、不同合并方法的价值相关性等方面，并呈现出如下特点：

第一，合并报表的合并范围界定标准问题为会计学界的重大难题。合并范围由所有权比例标准、比例标准和控制标准相结合，到目前的严格控制标准，而从定量数据向定性分析转化却一直缺乏理论基础。原则导向的控制标准下，母公司是否对被投资单位具有有效控制权很难确定。控制标准在实务中存在巨大的操作弹性，企业可能会避免将不良被投资单位纳入合并范围，倾向于将良好被投资单位纳入合并范围。已有关于合并报表并表动机的研究表明，将被投资方的债务保留在合并资产负债表之外是企业避免将被投资方纳入合并报表的动机（Mian & Smith，1990）。尽管已有文献存在对于合并报表并表动机问题的研究，但鲜有实证证据，仅有一些间接的经验证据。本书对合并报表做大动机进行研究，回答了什么样的企业更倾向于并表，以及有做大动机的企业倾向并入什么样的被投资单位等问题。本书为原则导向的控制标准下合并报表的操纵提供了证据，同时拓展了合并报表并表动机的研究。

第二，我国关于合并财务报表的研究主要集中在合并财务报表的有用性分析、母公司报表信息与合并报表信息有用性的比较研究等方面，鲜有文献对现行合并财务报表准则下的放大效应进行研究。本书在对合并报表放大效应进行深入剖析的基础上，对合并报表放大效应的经济后果进行研究。本书的研究对于深入理解合并报表准则对企业经营管理的影响，进而对于深入理解会计准则对中国企业管理与经济发展的影响机理具有重要的意义。

第三，已有对合并报表的研究大多集中在合并财务报表的并表动机、合并财务报表的有用性、母公司报表信息与合并财务报表信息有用性比较、不同合并方法的价值相关性研究等方面，鲜有文献研究合并报表准则对企业管理当局行为的影响。本书通过剖析合并报表的放大效应与高管薪酬、企业债务融资成本的关系，针对管理层利用合并财务报表准则的弹性操控财务报表的机会主义行为提供了直接证据。

2.3　本章小结

本章首先分别对国际合并财务报表准则、美国合并财务报表准则和我国合并财务报表准则中关于并表范围确定标准的演变历程进行梳理。其次在梳理合并财务报表会计准则并表范围确定标准的基础上，对合并范围确定标准的演变进行总结，并对现行准则确定合并范围的控制标准进行评价。最后分析现行控制标准对合并报表放大效应的影响。

管理当局对合并财务报表有强烈的操控动机，其主要原因有两点：第一，合并财务报表的地位高；第二，合并财务报表的弹性大。主要是并表范围的确定，具有很大的弹性。具体来说，基于严格控制标准确定合并范围存在主观性极强、弹性极大的特点，再加上公司管理当局天然具有操控合并财务报表的动机，现行准则又配合了管理当局的这种操控动机。另外，企业重要利益相关者对合并财务报表地位的认可，人为地将合并财务报表与各方利益联系起来，这就导致了目前复杂的状况。在此背景下，企业管理当局更可能利用合并财务报表放大效应的存在操控合并报表并表范围，以谋求个人私利。

企业管理当局操控合并财务报表的主要倾向（或方式）有三种：第一，寻求并表。当被投资企业盈利能力好、盈利水平高而且投资企业的资产负债率不高时。第二，规避并表。当被投资企业盈利能力差、投资企业的资产负债率高时。第三，策划出表。资产证券化是典型代表。为了在不提升资产负债率，或者说不占用资本的情况下扩大业务规模。前两种倾向（抢并与避并）是主要的表现形式，第三种倾向常常归到第二种倾向。总之，企业选择性并表问题日趋严重。第一种倾向是主动利用合并财务报表的放大效应（可称为主动利用放大效应的动机），第二、第三种倾向则是规避合并财务报表的放大效应（主动规避放大效应的动机）。三种倾向并存，而且非常严重，成为财务报表操控的重灾区。特别奇特的是：社会各界对选择性并表的包容度很高，认可度很高，因为合并财务报表具有"利己不损人"的特征。

本章研究首先从源头上梳理合并报表会计准则关于并表范围的演变历程，阐述现有的合并报表放大效应的制度背景，为下文研究合并财务报表并表范围操控、合并财务报表放大效应的经济后果做铺垫。其次通过合并财务报表并表范围确定标准演变的理论分析，以及重要利益相关者对合并财务报表地位的认可两个方面，从理论层面剖析合并财务报表使用过程中的复杂现状。最后，通过合并财务报表并表动机、合并报表有用性、合并报表和母公司报表信息有用性的比较、不同合并方法的价值相关性四个方面进行文献述评，并对已有研究的特点进行总结。

3　理论分析与实务状况

3.1　理论分析

3.1.1　所有权理论

所有权理论是一种以母公司在子公司持有的所有权为着眼点的合并理论，又称业主理论（戴德明等，2006）。所有权理论认为，向母公司股东报告其所拥有的资源是编制合并财务报表的目的，母公司与子公司之间的关系是拥有与被拥有的关系（黄世忠和孟平，2001）。其中，资源是指正资产与负资产的差额，体现的是一种净资源的概念。合并财务报表并不能满足子公司少数股东的信息需求，只是为满足母公司股东的信息需求，少数股东的信息需求需要通过子公司的财务报表来满足。比例合并法的理论依据是所有权理论（戴德明等，2006），母公司应按照其持股比例将被投资单位的净收益、收入、费用、所有者权益、资产、负债纳入合并报表（黄世忠和孟平，2001）。总之，所有权理论主张采用比例合并法，并呈现如下特点：第一，母公司与子公司之间的未实现损益与交易应按照母公司的持股比例抵销；第二，因母公司收购兼并子公司形成的资产、负债与商誉，均需要按照母公司的持股比例确认与合并；第三，少数股东损益与少数股东权益都不会出现在合并财务报表上。

所有权理论下的比例合并法忽视了企业并购中产生的财务杠杆作用，也就是说，母公司可以通过控制被投资单位低于100%的股权而统驭子公司全部的资产，且母公司可以从中获益。当一个被投资单位被两个或者两个以上投资单位联合控制时，被投资单位既不存在单一的经济主体，也不存在法定控制；既没有少数股东，也没有单一的控股母公司。在此种情况下，按照只注重拥有关系，不注重法定控制与单一经济主体的所有权理论，通过比例合并法对被投资单位进行合并，不失为权宜之计（黄世忠和孟平，2001）。在经济实践中，以所有权理论为基础的比例合并法通常只适用于对合营企业的合并（戴德明等，2006）。

3.1.2 实体理论

实体理论是站在由母公司及其全部子公司组成的企业集团的角度来看待母公司与子公司之间的控股合并关系的一种合并理论。实体理论认为，终极所有者与会计主体是相互独立的，不应将终极所有者与会计主体的经济与法律行为混为一谈。一个会计主体的收入、费用、利润、资产、负债、所有者权益以及形成这些报表要素的事项、交易或者情况都应该独立于终极所有者，它们是会计主体所固有的（黄世忠和孟平，2001）。因此，实体理论下，母公司与子公司间的关系不是拥有与被拥有的关系，而是控制与被控制的关系。基于控制的经济实质，母公司对子公司的控制意味着母公司有权支配子公司的财务决策与经营决策，母公司有权支配子公司全部资产的使用权。由于母公司与子公司之间存在控制与被控制的关系，母公司与子公司在财务决策、经营决策与资产使用上便成为一个整体，这个整体就应当是编制合并财务报表的主体。与所有权理论下编制合并财务报表的目的不同，实体理论下编制合并财务报表的目的是满足企业集团所有股东的信息需求，而非仅仅是为了满足母公司股东的信息需求。基于实体理论编制的合并报表是为了反映整个企业集团所控制的资源。因此，实体理论下，应采用完全合并法编制合并财务报表，母公司应将非全资子公司的收入、费用、利润、资产、负债、所有者权益等全部纳入合并财务报表。完全合并法具有如下特点：第一，子公司与母公司间的未实现损益与交易应予以全部抵销。第二，因母公司收购兼并子公司形成的资产、负债与商誉均需要全部予以确认与合并。第三，少数股东应分享的子公司损益是合并净收益在不同股东之间的利润分配，并不作为合并净收益的一个减项。第四，少数股东权益会单独列示在合并资产负债表上，表示母公司未实际拥有的所有者权益。

基于实体理论下的完全合并法是将母公司控制的资源，而非母公司拥有的资源纳入合并财务报表。完全合并法与控制的经济实质相一致，基于完全合并法编制的合并财务报表反映的是企业集团整体的经营成果与财务状况（戴德明等，2006）。目前，母公司理论已经被实体理论所取代，成为编制合并财务报表的主要理论依据。但是，基于实体理论按照完全合并法编制的合并资产负债表报告的是母公司及其全部子公司构成的整个企业集团的总资产与总负债，不能反映母公司与子公司分别承担的债务责任及拥有的用于偿还债务的经济资源（Tucker et al.，2017）。此外，实体理论实际上是承认了企业并购过程中母公司通过控制而产生财务杠杆效应的客观事实（黄世忠和孟平，2001），此时合并报表体现的是由母公司及其全部子公司构成的整个企业集团的整体经营成果、财务状况与现金流量。与母公司报表相比，企业合并财务报表所反映的资产、负债、所有者权益、收入、费用、利润和现金流量的金额均存在被放大的情况。

3.1.3 母公司理论

母公司理论是基于母公司股东的视角看待母公司及其子公司的控股合并关系的一种合并理论。母公司理论是实体理论与所有权理论的折中，它没有逻辑一致的、独立的理论基础。实体理论下合并财务报表的目标是为集团公司的所有资源提供者提供有用信息，所有权理论下合并财务报表的目标是为母公司股东提供有用的信息。母公司理论下合并财务报表的目标与所有权理论下合并报表的目标一致，都是为母公司股东提供有用的信息。不同于所有权理论下的拥有观，母公司理论下的合并方法与实体理论主张的控制观一致。实体理论下，将子公司的全部可辨认净资产纳入合并报表，并按少数股东持股比例确认少数股东权益。所有权理论下的合并财务报表中并不涉及少数股东权益。母公司理论下少数股东权益的确认体现了实体理论与所有权理论的折中与修正。由于商誉存在极高的不确定性，所以母公司理论下商誉的确认方式与所有权理论下商誉的确认方式一致。但是，母公司理论在消除集团公司间未实现损益方面却又支持了所有权理论（黄世忠和孟平，2001）。由此可见，母公司理论既不倾向实体理论，也不接近所有权理论。母公司理论的优点体现在会计实践中，母公司理论下合并报表的编制体现了修正主义思想，具有极高的可操作性，远超实体理论与所有权理论。母公司理论的缺点体现在理论层面，其理论缺乏严谨的逻辑性。理论基础方面，实体理论和所有权理论都优越于母公司理论。

母公司理论的合并理念主要体现在以下几个方面：第一，在合并报表中应明确子公司少数股东的净利润和净资产，这是由子公司少数股东在提供资源方面不可或缺的地位决定的。第二，向母公司股东提供决策有用的信息是合并报表的目标。第三，母公司对子公司的净资产、资产与负债的购买价格和子公司净资产、资产与负债的账面价值是两回事，母公司购买价格与账面价值的差额部分仅仅与母公司的投资活动有关，所以应按照母公司的持股比例进行合并，而母公司的购买价格包含母公司为了获得控股权而额外支付的溢价，子公司的账面价值不可分割，所以应该全部合并。因此，母公司理论下编制合并报表时，应采用账面价值与公允价值双重计价模式对子公司的资产、负债、所有者权益计价。

基于母公司理论编制合并财务报表时，由于母公司在将被投资单位的报表要素纳入合并报表时，混合运用了完全合并法和比例合并法的观念，所以混合观念将非全资子公司纳入合并报表时具有以下特点：第一，集团内公司间逆流交易所形成的未实现损益则按照母公司的持股比例进行抵销，集团内公司间交易及顺流交易所形成的未实现损益应全部进行抵销。第二，按照母公司的持股比例对资产、负债的升值或贬值以及商誉进行确认与合并。第三，子公司的收入、费用、资产、负债、所有者权益应全部予以合并。第四，少数股东损益在合并利润表上作为合并收益的一个扣减项目。少数股东权益在合并资产负债表上既不作为所有者权益，也不作为负债，而是作为一个列示于负债与所有者权益之间的单独项目。

实体理论与所有权理论的折中与修正体现为母公司理论。母公司理论克服了实体理论与所有权理论的局限性，继承了两种理论的优点。因此，在很长一段时间内，母公司理论得到了广泛的支持与应用。但是，正是这种折中与修正也使母公司理论缺乏严谨统一的逻辑和理论基础。母公司理论主张采用账面价值与公允价值双重计价模式受到了学术界的质疑。此外，因为母公司理论着眼于为母公司股东提供决策相关的信息，基于母公司股东的视角看待控股合并关系，所以不能对集团内部的控制与被控制关系进行完整的体现，也不能体现企业集团作为一个经济实体的实质（戴德明等，2006）。母公司理论下，假如母公司对子公司的权益投资通过复杂权益法进行核算，则母公司留存收益与合并留存收益、母公司净利润与合并净利润是相同的。该平衡关系对检验编制合并财务报表的正确性提供了方便，但由于根据母公司报表与合并报表提供的主要财务信息是一致的，编制的合并报表不能与母公司报表进行很好的区分，所以合并报表常常被认为是母公司报表的附表（戴德明等，2006）。

少数股东权益性质的不同是母公司理论区别于实体理论的最重要体现（Abad et al.，2000）。母公司理论下合并报表的目标是为母公司控股股东提供决策有用的信息，合并财务报表被当作了母公司报表的一种补充。母公司理论将少数股东权益当作是母公司的负债，认为只有母公司拥有的资源才能在未来产生股利与盈余。而实体理论下则将少数股东权益视为一项集团公司的净资产，因为母公司控制的任何资源都可以为母公司将来的盈利贡献自己的一分力量（张然和张会丽，2008）。实体理论认为少数股东权益与控制权益是一样的，给少数股东损益与少数股东权益进行了定性，解决了母公司理论下对少数股东损益与少数股东权益关注不够的问题，然而基于实体理论编制的合并财务报表却无法满足母公司的债权人、母公司的非控股股东及税务部门的信息需求（戴德明等，2006）。

基于母公司理论编制的合并报表也具有放大效应，合并报表的资产、负债、收入、费用和利润要素以及现金流量等报表项目的金额通常也会放大。与《合并会计报表暂行规定》（1995）编制合并报表所依据的母公司理论不同，按照CAS33（2006）编制合并报表的理论开始由母公司理论转向侧重实体理论。其中，具体变化内容最大的是：依据《合并会计报表暂行规定》确定的合并净利润不包括少数股东损益，依据 CAS33（2006）确定的合并净利润中包括少数股东损益在内。因此，在子公司盈利的情况下，基于 CAS33（2006）所编制的合并报表对净利润的放大效应更大一些。

3.1.4　财务报表目标与合并报表的放大效应

自 20 世纪 60 年代后期起，西方会计界认为对会计本质的认识应该建立在信息系统论的基础上，财务报告目标成为会计理论研究的起点。FASB 于 1978 年发布第 1 号财务会计概念公告《企业财务报告的目标》（SFAC No. 1），财务报告目标居于财务报告概念框架的第一层次，财务报告概念框架的逻辑起点为财务报告目标。

财务报告目标经历了从受托责任观到决策有用观的演进。受托责任观下，财务报告的目标是将受托者对受托资源的使用与管理情况如实反映给所有者。随着资本市场的快速发展，财务报告目标开始由受托责任观转向决策有用观下。决策有用观下，财务报告的目标是向财务报告使用者提供决策有用的信息。相关性与可靠性是决策有用会计信息应该具备的两个基本质量特征。

已有研究表明，合并财务报表可以深入揭示企业在盈利能力和偿债能力等方面的风险（王鹏和陈武朝，2009），具有价值相关性（Abad et al.，2000；王鹏和陈武朝，2009；何力军，2013）。合并报表信息是银行信贷决策的重要依据，可以为债权人提供有用的信息（祝继高等，2011；王晓梅，2010）。此外，合并报表信息具有财务危机预警效果（王秀丽等，2017）。

现行会计准则下，基于原则导向的控制标准确定合并范围却存在极大弹性，企业有较大的可能避免并入盈利差的不良被投资单位，或者实现对盈利良好被投资单位的并表。由于合并报表放大效应的存在，如果企业成功地避免了并入盈利差的不良被投资单位，或者实现对盈利良好被投资单位的并表，可能会对合并财务报表各个项目产生重要的影响，从而起到极大地粉饰企业合并财务报表的作用。一方面，控制标准具有弹性大、主观性强的特点，合并财务报表具有"利己不损人"的特点。再加上公司管理当局天然具有操控合并财务报表的动机，现行准则恰恰又配合了管理当局的这种操控动机。另一方面，财务报告使用者、监管机构又人为提高了合并财务报表的地位。在此背景下，企业管理当局更可能利用合并财务报表放大效应的存在操控合并报表的并表范围，以谋求个人私利。在财务报表使用者无法识别并表对财务报表数据影响的情况下，将损害合并报表的有用性，违背了决策有用观下财务报表向使用者提供决策有用信息的目标。

3.1.5 合并报表本身的特征与合并报表的放大效应

合并财务报表的报告主体是经济意义上的实体，不是法律实体。因此，合并财务报表数据不是基于法律事实，其本质属性是一种财务数据的统计分析。合并财务报表数据本身原本与经济利益没有直接的关系，但是财务报告使用者人为地赋予其法律或契约地位，如国务院国资委及地方政府国资委对国有企业的考核评价，以合并财务报表的合并利润总额或合并净利润为依据；国资委将中央企业负责人的年度经营业绩考核、任期经营业绩考核与合并财务报表数据挂钩；深圳证券交易所将上市公司退市风险与合并财务报表营业收入挂钩。现实中，合并财务报表地位不断提高，成为资产定价、信用评级、薪酬考核、利润分配决策的主要依据，得到准则制定者、投资者、债权人等企业利益相关者普遍认可（李阳，2015）。企业各利益相关者人为地将合并财务报表与利益联系起来，这是导致目前复杂的状况的根本原因。

合并财务报表"利己不损人"的独特优势使合并财务报表的作用和地位被人为地拔高，其根本原因还是合并财务报表的并表以及合并数据本身通常不会直接影响被投资企业的各个股东之间的契约关系和经济利益，它常常能够让并表的投资者通过将被投资企业纳入合并财务报表的范围而达到美化其财务报表的目的，却不会直接损害其他投资者的利益，通俗点说，就是能够做到"利己不损人"。合并报表的这种独特优势是由其自身特征决定的，它使合并财务报表成为管理当局操控财务报表的非常好的一种手段。管理当局操纵合并财务报表具有"操控效果"好，操控的成功率高且风险小的特点，其主要原因为：第一，并表范围的确定具有弹性大的特点。第二，社会各界对并表的认可度高。第三，对并表的认可度高的重要原因是合并财务报表具有"利己不损人"的独特优势。

现行准则关于合并报表并表范围的确定标准具有很大的弹性，这就为管理当局通过操控并表范围达到粉饰财务报表的目的提供了可能性。

3.1.6 两套财务报表比较的逻辑基础

合并财务报表与母公司个别财务报表进行比较有其合理性、必要性和可能性。从财务报表产生与发展的历史维度来看，先有法律主体的财务报表，后有合并财务报表。合并财务报表具有其特殊的作用，这是毋庸置疑的，问题不在于合并财务报表是否有用，而在于是否有那么大的作用，是否应该有那么高的地位。合并财务报表演变至今，能够取得今天这么高的地位是有其原因的。先有个别财务报表，后有合并财务报表，因此对两者进行比较是恰当的，不存在不可比的问题。财务报表的目标使用者并没有变化，或者说两者的目标使用者是相同的，编制、提供与发布的主体是相同的，名义也是相同的。尤其是以美国为代表的一些西方国家，实际上已经以合并财务报表取代了母公司个别财务报表，在此背景下，需要重新评估财务报告体系的重构问题，当然就更需要对两者进行比较。同时，还要特别关注合并财务报表被推到至高无上的地位所带来的负面影响。

从合并财务报表与母公司个别财务报表报告主体的差异来看，由于合并财务报表与母公司个别财务报表两者的报告主体不同，所以有观点认为不能简单地比较两套财务报表。然而，显而易见的事实却是：第一，合并财务报表与母公司个别财务报表的编制与提供者相同。无论是母公司个别财务报表还是合并财务报表，都是由母公司编制和提供的。第二，编制者认同的统一性（一致性）。编制者和提供者从来都认为两套财务报表都是"本公司"的财务报表。第三，使用者认同的统一性（一致性）。所有使用者都认为这两套财务报表都是该公司的财务报表。

在实务中，对于合并财务报表与母公司个别财务报表两者在报告主体方面的差异不受重视的情况并不少见。究其原因主要有两个：一是由于受专业知识的限制，无法真正识别两者的报告主体的差异；二是故意放任对两者报告主体的差异的模糊，或故意包容甚至故意模糊两者报告主体的差异。出现这种状况的根本原因是合并财务报表具有"利己不损人"的独特优势。因此，研究对外财务报告体系，就必须将两套财务报表放在一起进行综合考虑，必须纳入同一个体系、同一个概念框架进行分析、评价，以此来探讨财务报告体系的重构问题，这也是本书可以将合并财务报表相对于母公司个别财务报表而言的放大效应作为研究对象的逻辑基础和理论前提。

关于合并财务报表与母公司个别财务报表的比较，应着眼于关注合并财务报表的影响或经济后果。此外，应当关注母公司个别财务报表本身也已经被异化的状况，这会影响对两套财务报表的比较，或者说降低了两者的可比性，损害了比较的意义与价值，在书中对这种损害可能需要通过理论分析来弥补。本书只能在母公司个别财务报表已经受到"污染"的情况下，对合并报表与母公司报表进行比较，做定量分析时，无法清除这种"污染"。不过，即使在没有清除这种"污染"的情况下进行分析，也不影响我们的研究结论，也能够实现我们的研究目标。

本书的焦点是：合并财务报表具有放大效应，管理当局有动机利用或者规避这种放大效应，从而带来了较大的经济后果。我们重点关注放大效应的存在性、企业管理当局操控动机的存在性和利用或规避放大效应的经济后果的存在性。相对于母公司个别财务报表而言，合并财务报表的放大效应首先是客观存在的，其次很可能被管理当局所利用或规避，从而达到操控财务报表的目的，因此，最后的结果被放大。被放大的原因有两个：一是正常的放大；二是被管理当局操控的影响，即进一步放大或是反方向减弱放大的结果。

3.2　实务状况

以房地产行业为案例，可以较好地分析合并财务报表的放大效应。由于房地产企业独特的特点，出于种种原因，近几年来我国房地产行业出现一种快速发展的倾向：由两家或两家以上的房地产开发企业成立合资项目公司，共同开发一个房地产项目，这种合资项目公司和各个投资企业同属于房地产行业，所以选择以关乎国计民生的房地产行业为例，对放大效应进行说明。

房地产行业投资各方在设计合资项目公司的财务信息披露上具有很大的弹性，主要存在以下两种模式：第一，持股比例较高的一方将合资项目公司纳入合并报表范围，其他各方投资者采用权益法核算。第二，将房地产合资项目公司设计为投资各方的联营企业或者合营企业，所有投资方在财务报表均使用权益法进行核算，合资项目公司不会被纳入任何投资单位的合并财务报表。其中，第一种模式将合资项目公司作为某一投资方的被并企业受到大多数房地产企业的青睐。

如 1.3.1 部分的案例，2016 年保利地产、滨江集团、滨岚管理三家房地产公司分别持有滨保公司 34%、33% 和 33% 的股份。由于保利地产在滨保公司的董事会中占有多数席位，据此认为保利地产能够控制滨保公司，因而保利地产将滨保公司纳入合并财务报表的合并范围，保利地产合并净利润中包括滨保公司 100% 的利润。由于滨江集团和滨岚管理均对滨保公司的长期股权投资采用权益法核算，所以滨江集团和滨岚管理 2016 年利润表中均包括滨保公司 33% 的利润。从企业层面来看，保利地产仅占滨保公司 34% 的股份，但合并财务报表中却包括了滨保公司 100% 的利润。将滨保公司全部利润纳入保利地产合并财务报表的这种会计处理方法，对保利地产合并财务报表利润产生了放大效应。从行业层面来看，由于保利地产、滨江集团和滨岚管理的报表中分别包括滨保公司 100%、33% 和 33% 的利润，所以整个房地产行业的财务报告中包括滨保公司 166% 的利润，这对整个房地产行业的利润产生了放大效应。

现实中，合并财务报表利润总额与母公司报表利润总额差异较大。由图 3－1 中国房地产上市公司 A 股 20 强[①]年度平均合并报表与母公司报表数据差异情况

[①] 根据中国房地产业协会、中国房地产测评中心及中房网发布的 2016 年中国房地产上市公司排行榜选取。

可以看出，中国房地产上市公司 A 股 20 强 2012～2018 年年度平均合并报表利润总额与母公司报表利润总额的差额均在 20 亿元以上，且 2014 年后呈大幅度上升趋势，2016 年两者差额达到了 51.5 亿元，差异率高达 226%[①]；2018 年两者差异达到 88.3 亿元，差异率高达 264%。中国房地产上市公司 A 股 20 强 2012～2018 年年度平均合并报表净利润与母公司报表净利润的差额均在 15 亿元以上，其变化趋势与年度平均合并报表利润总额与母公司报表利润总额的差额变化趋势一致。由此可以说明，从均值层面来看，中国房地产上市公司 A 股 20 强的合并报表利润总额、合并报表净利润远高于母公司报表利润总额与母公司报表净利润。

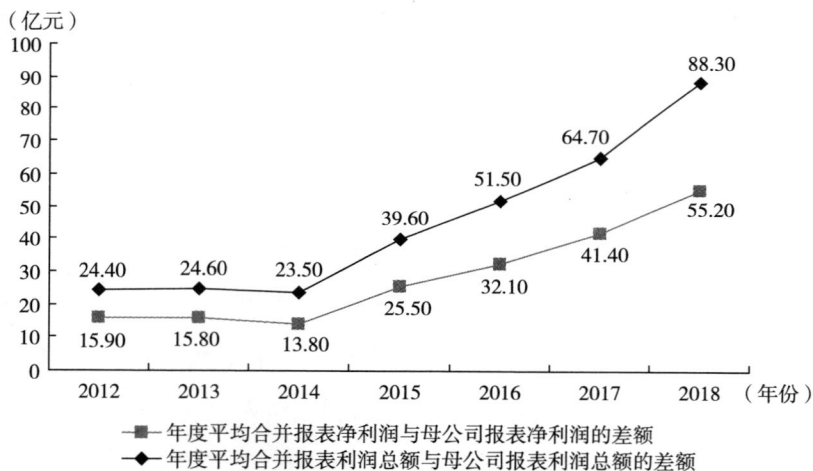

图 3-1　中国房地产上市公司 A 股 20 强年度平均合并报表与母公司报表数据差异

　　将项目公司纳入合并财务报表并表范围，会对报表数据产生放大效应，可以通过少数股东净利润与合并净利润的比值来反映。表 3-1 为中国房地产上市公司 A 股 20 强 2012～2018 年少数股东净利润占合并净利润的比率变化情况。从企

---

　　① 利润总额差异率 =（平均合并利润总额 - 平均母公司利润总额）÷平均母公司利润总额。

业层面来看，少数股东净利润与合并净利润的比率反映了企业的合并利润中属于少数股东的份额，体现了合并报表中净利润的放大情况。由于各公司实际情况不同，该比率在趋势和数值上都有较大的差异。从 2016 年来看，华夏幸福、苏宁环球和迪马股份 3 家房地产公司的少数股东净利润为负；新城控股、中南建设、城投控股、新湖中宝和张江高科 5 家房产公司的少数股东净利润与合并净利润比率小于 10%；其余 12 家公司的比率均高于 10%，且大多在 20% 以上，其中中粮地产的少数股东净利润占合并净利润的比率超过了 40%。从 2018 年来看，苏宁环球和张江高科 2 家房地产公司的少数股东净利润为负；华夏幸福、金科股份、中南建设、北京城建、华发股份、新湖中宝和迪马股份 7 家房地产公司的少数股东净利润与合并净利润比率小于 10%；其余 11 家公司的比率均高于 10%，且大多在 20% 以上，其中滨江集团的少数股东净利润占合并净利润的比率超过了 60%。通过将非全资控股公司纳入合并报表范围，使合并利润表中利润总额得到显著放大，不利于报表使用者依据报表做出决策。

表 3 - 1　房地产上市公司 A 股 20 强 2012～2018 年少数股东净利润占合并净利润比率

单位：%

年份 公司名称	少数股东净利润占合并净利润的比率						
	2012	2013	2014	2015	2016	2017	2018
万科	19.87	17.37	18.36	30.17	25.85	24.61	31.46
绿地控股	0.48	-2.14	0.98	6.75	23.31	33.41	29.01
保利地产	15.44	9.42	14.27	26.62	27.24	20.59	27.71
华夏幸福	4.45	-1.06	6.94	3.74	-5.24	0.29	0.48
招商蛇口				39.72	21.38	18.58	21.69
金地集团	21.13	19.98	19.47	33.92	26.53	27.8	33.1
金科股份	-2.51	-3.99	-5.2	-2.7	22.07	12.29	3.35
新城控股				23.48	4.33	3.7	14.07
中南建设	3.71	14.58	-2.44	20.42	4.78	-12.09	5.17
阳光城	-4.48	-8.89	-3.27	18.15	14.06	7.47	22.75

年份 公司名称	少数股东净利润占合并净利润的比率						
	2012	2013	2014	2015	2016	2017	2018
陆家嘴	8.58	10.11	8.36	10.46	18.98	14.84	18.39
城投控股	2.82	3.62	1.15	0.35	3.89	0.45	12.12
北京城建	23.2	9.59	8.45	3.68	11.48	7.42	9.06
中粮地产	24.33	41.84	33.7	27.91	45.99	45.51	30.71
滨江集团	−1.86	3.17	−2.86	33.31	29.03	25.91	61.39
华发股份	7.07	1.71	−2.85	−2.79	28.67	8.85	4.89
苏宁环球	−0.52	25.52	0.01	−2.02	−0.98	−7.34	−4.27
新湖中宝	1.07	−0.88	5.59	−11.43	0.15	0.85	6.95
张江高科	4.45	3.1	−5.22	1.68	0.07	−1.24	−9.3
迪马股份	38.79	41.02	0.12	−0.55	−0.69	−4.33	3.55
均值	9.22	10.23	5.31	13.04	15.05	11.38	16.11

注：招商蛇口和新城控股 2012～2014 年无公开财务报表数据。样本公司中仅绿地控股 2014 年的合并净利润为负值，其他样本公司 2012～2016 年的合并净利润均为正值。均值表示这 20 家房地产企业少数股东净利润与合并净利润比率在某一年的平均值。

从平均值来看，少数股东净利润与合并净利润的比率在 2012～2018 年均为正值，说明对盈利的放大效应高于对亏损的放大效应；该比率虽然在 2014 年有所回落，但在 2012～2018 年整体上呈上升趋势，表明合并报表中对利润的放大效应呈上升趋势。从行业层面来看，合资项目公司有两个分别持有 50% 股份的股东，且其中一方将合资项目公司纳入合并财务报表，另一方则采用权益法核算，这两个公司利润总额中包含了该项目公司利润的 150%。例如，2016 年北京城建投资发展股份有限公司（北京城建，证券代码：600266）和北京首都开发股份有限公司（首开股份，证券代码：600376）分别持有北京首城置业有限公司（首城置业）50% 的股权。由于在首城置业七人组成的董事会中北京城建委派四人，北京城建可以控制首城置业的经营决策，故将其纳入合并范围①。北京城建

---

① 北京城建 2016 年年度报告。

合并报表的利润总额中包括首城置业 100% 的利润。首开股份将首城置业视为联营企业，其对首城置业的投资采用权益法核算①。首开股份的利润总额中包括首城置业 50% 的利润。北京城建和首开股份的利润总额中总共包括首城置业 150% 的利润。由此可知，采用现行的会计处理方式会对整个房地产行业的总体利润产生极大的高估，不利于宏观层面的统计分析。

同样地，我们对房地产上市公司 A 股 20 强 2012～2018 年合并报表权益的放大效应进行了统计，如表 3-2 所示。从企业层面来看，少数股东权益与所有者权益总额的比率反映了集团公司的所有者权益中属于少数股东的份额，反映合并报表对权益的放大效应。由于各公司实际情况不同，该比率在趋势和数值上都有较大的差异。从 2016 年来看，城投控股、新湖中宝和张江高科 3 家房地产公司的权益放大率低于 5%，新城控股、北京城建、苏宁环球 3 家房地产公司的合并报表权益放大率居于 5%～10%，其余 14 家公司的比率均高于 10%，且大多在 20% 以上，其中中粮地产和华发股份的权益放大率超过了 40%。从 2018 年来看，苏宁环球、新湖中宝和张江高科 3 家房地产公司的权益放大率低于 5%，城投控股、北京城建 2 家房地产公司的合并报表权益放大率居于 5%～10%，其余 15 家公司的比率均高于 10%，且大多在 20% 以上，其中华发股份的权益放大率超过了 50%。从 2012～2018 年合并报表权益放大率的走势来看，房地产上市公司 A 股 20 强中有 8 家公司（中南建设、城投控股、北京城建、滨江集团、苏宁环球、新湖中宝、张江高科、迪马股份）的权益放大率整体上呈下降趋势，另外 12 家公司的权益放大率整体上呈上升趋势。从均值层面来看，房地产上市公司 A 股 20 强 2012～2018 年的权益放大率均集中在 20% 左右，呈略微上升趋势。

图 3-2 为房地产上市公司 A 股 20 强 2012～2018 年年度平均放大率（少数股东净利润占合并净利润比率、少数股东权益占所有者权益总额比率）情况。由图 3-2 可知，房地产上市公司 A 股 20 强 2012～2018 年年度平均利润放大率

---

① 首开股份 2016 年年度报告。

表 3-2 房地产上市公司 A 股 20 强 2012~2018 年少数股东
权益占所有者权益总额比率

单位:%

公司名称 \ 年份	少数股东权益占所有者权益总额的比率						
	2012	2013	2014	2015	2016	2017	2018
万科	22.29	27.07	23.93	26.50	29.83	28.93	33.89
绿地控股	0.71	0.64	0.55	26.11	27.37	33.09	35.64
保利地产	22.44	25.15	24.07	26.37	24.43	32.39	34.62
华夏幸福	12.95	33.20	43.70	47.22	33.32	47.78	19.99
招商蛇口				24.99	27.49	26.31	30.27
金地集团	24.13	23.45	22.30	29.44	29.51	29.66	30.13
金科股份	12.73	20.91	20.02	16.20	11.21	11.61	38.62
新城控股				12.55	9.25	20.62	40.16
中南建设	21.04	21.38	31.50	31.60	16.33	15.34	11.20
阳光城	43.41	23.79	9.27	12.57	30.23	37.36	44.00
陆家嘴	12.19	25.78	24.37	19.97	32.68	29.13	29.38
城投控股	7.26	7.28	2.30	1.99	4.08	6.28	5.87
北京城建	10.80	9.59	6.12	4.88	6.61	8.84	9.68
中粮地产	37.11	39.72	43.88	46.07	47.80	43.54	42.87
滨江集团	21.92	14.23	13.57	19.85	18.68	12.72	20.99
华发股份	24.27	36.57	46.76	38.21	44.05	50.31	53.79
苏宁环球	2.92	0.28	0.00	4.78	8.37	10.53	3.18
新湖中宝	9.63	8.94	6.27	5.03	2.83	2.11	2.23
张江高科	5.42	5.20	4.74	4.55	2.65	2.54	1.93
迪马股份	39.05	33.09	4.26	1.53	10.52	3.72	28.16
均值	18.35	19.79	18.20	20.02	20.86	22.64	25.83

注:招商蛇口和新城控股 2012~2014 年无公开财务报表数据。样本公司中苏宁环球 2014 年的少数股东权益为 0,因此少数股东权益占所有者权益总额的比率为 0.00%。均值表示这 20 家房地产企业少数股东权益占所有者权益总额的比率在某一年的平均值。

（少数股东净利润占合并净利润的比率）、年度平均权益放大率（少数股东权益占所有者权益总额的比率）整体上均呈上升趋势，表明合并报表对利润和权益的放大效应均呈上升趋势。将合并财务报表视为资产定价、信用评级、薪酬考核、利润分配决策的主要依据，可能会误导各利益相关者。

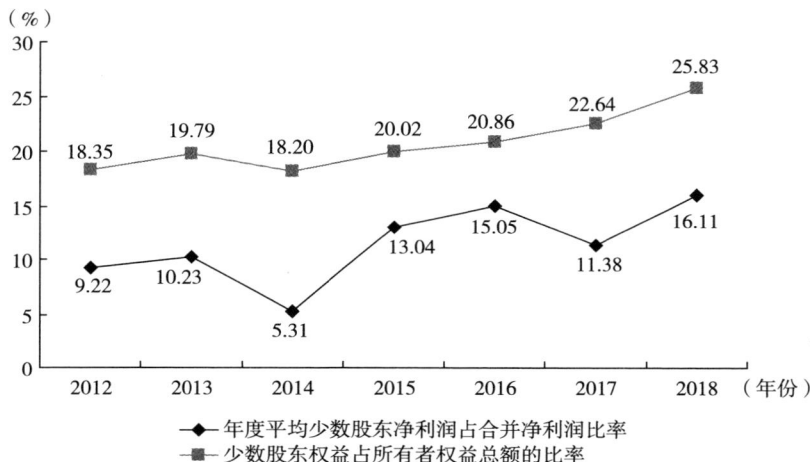

图 3-2　房地产上市公司 A 股 20 强 2012～2018 年年度平均放大率折线

　　合并报表放大效应在资产负债表上除反映为权益的放大效应外，还体现在对资产负债率的放大效应上。表 3-3 为房地产上市公司 A 股 20 强 2014～2018 年母公司报表资产负债率与合并报表资产负债率对比情况。由于各公司实际情况不同，合并报表资产负债率与母公司报表资产负债率的差额［如列（3）所示］在趋势和数值上都有较大的差异。总体来看，合并报表对资产负债率产生了放大效应，2014～2018 年合并报表与母公司报表平均资产负债率差额呈下降趋势。从 2016 年的数据来看，合并报表资产负债率与母公司报表资产负债率的差额最小为 -7%，金地集团的母公司报表资产负债率比合并报表资产负债率高 7 个百分点，说明金地集团将子公司纳入并表范围后，虽然合并报表的资产和负债总额增

表3-3 房地产上市公司A股20强2014~2018年母公司报表资产负债率与合并报表资产负债率对比　　　　单位:%

公司名称	2014			2015			2016			2017			2018		
	(1)	(2)	(3)	(1)	(2)	(3)	(1)	(2)	(3)	(1)	(2)	(3)	(1)	(2)	(3)
万科	69.57	77.20	7.63	70.44	77.70	7.26	71.73	80.54	8.81	79.69	83.98	4.29	82.45	84.59	2.14
绿地控股	66.94	74.83	7.89	0.00	88.04	88.04	6.51	89.43	82.92	10.57	88.99	78.41	11.18	89.49	78.31
保利地产	73.07	77.89	4.82	75.49	75.95	0.45	75.24	74.76	-0.48	80.11	77.28	-2.83	84.32	77.97	-6.35
华夏幸福	78.11	84.74	6.63	87.06	84.80	-2.26	86.31	84.78	-1.52	74.94	81.10	6.16	72.57	86.65	14.08
招商蛇口	—	—	—	62.22	70.52	8.30	62.06	68.96	6.90	71.72	72.11	0.39	77.12	74.28	-2.84
金地集团	69.75	67.50	-2.25	70.79	65.83	-4.97	72.44	65.43	-7.00	77.98	72.13	-5.85	84.47	76.12	-8.35
金科股份	72.16	83.96	11.80	77.23	83.95	6.72	71.66	79.38	7.72	76.73	85.79	9.06	83.28	83.63	0.35
新城控股	—	—	—	55.87	79.54	23.67	85.30	84.13	-1.17	90.07	85.84	-4.23	89.45	84.57	-4.88
中南建设	87.62	84.73	-2.89	91.94	86.27	-5.67	83.40	86.17	2.78	91.05	90.52	-0.53	88.38	91.69	3.31
阳光城	68.56	84.69	16.12	61.85	80.42	18.56	84.21	84.29	0.08	86.34	85.66	-0.67	90.13	84.42	-5.71
陆家嘴	72.84	66.59	-6.25	73.25	69.04	-4.21	77.27	74.59	-2.68	77.16	75.11	-2.05	76.60	70.82	-5.78
城投控股	40.96	58.98	18.02	32.66	52.85	20.19	29.24	47.25	18.01	31.34	46.11	14.78	27.25	45.53	18.28
北京城建	38.58	66.86	28.28	47.09	68.13	21.04	45.11	72.32	27.20	52.85	77.42	24.57	47.09	76.39	29.29
中粮地产	73.71	76.97	3.26	76.38	79.96	3.58	74.80	81.58	6.78	80.43	84.50	4.07	81.91	84.91	3.00
滨江集团	36.01	75.92	39.91	39.37	74.11	34.74	46.06	68.25	22.18	54.71	72.84	18.13	64.79	77.94	13.15
华发股份	87.86	80.74	-7.12	84.55	79.30	-5.25	85.83	79.60	-6.23	86.54	82.88	-3.66	81.88	82.34	0.46
苏宁环球	60.99	77.20	16.21	49.33	61.41	12.09	50.30	61.16	10.86	44.48	54.04	9.56	41.53	52.95	11.42
新湖中宝	47.80	71.06	23.26	53.15	71.48	18.34	59.74	73.20	13.46	57.85	73.59	15.74	61.66	75.42	13.75
张江高科	54.42	57.75	3.33	57.65	57.25	-0.41	59.06	55.48	-3.58	60.22	54.51	-5.70	61.73	54.54	-7.18
迪马股份	29.13	73.90	44.77	62.06	76.69	14.63	72.29	75.20	2.91	71.03	79.32	8.30	63.25	80.44	17.19
均值	62.67	74.53	11.86	61.42	74.16	12.74	64.93	74.33	9.40	67.79	76.19	8.40	68.55	76.73	8.18

注:列(1)表示母公司报表资产负债率(期末负债总额/期末资产总额),列(2)表示合并报表资产负债率(期末负债总额/期末资产总额),列(3)表示合并报表资产负债率与母公司报表资产负债率的差额(合并报表资产负债率-母公司报表资产负债率)。招商蛇口和新城控股2014年无公开财务报表数据。样本公司中绿地控股2015年12月31日母公司报表中的负债总额为0,因此母公司报表资产负债率为0.00%。

加，但是负债增加的相对比例低于资产增加的相对比例①；合并报表资产负债率与母公司报表资产负债率的差额最大为 82.92%，绿地控股的合并报表资产负债率比母公司报表资产负债率高 82.92 个百分点，说明绿地控股将子公司纳入并表范围后，虽然合并报表的资产和负债总额增加，但是负债增加的相对比例远高于资产增加的相对比例②。从 2018 年的数据来看，合并报表资产负债率与母公司报表资产负债率的差额最小为 -8.35%，金地集团的母公司报表资产负债率比合并报表资产负债率高 8.35 个百分点，说明金地集团将子公司纳入并表范围后，虽然合并报表的资产和负债总额增加，但是负债增加的相对比例低于资产增加的相对比例；合并报表资产负债率与母公司报表资产负债率的差额最大为 78.31%，绿地控股的合并报表资产负债率比母公司报表资产负债率高 78.31 个百分点，说明绿地控股将子公司纳入并表范围后，虽然合并报表的资产和负债总额增加，但是负债增加的相对比例远高于资产增加的相对比例。合并报表资产负债率与母公司报表资产负债率的差异较大，如果依据合并财务报表偿债能力指标进行决策，很可能会误判母公司和集团企业真实的财务风险。

为了更清晰地反映房地产上市公司 A 股 20 强 2012 ~ 2018 年年度平均母公司报表资产负债率和合并报表资产负债率情况，将表 3 - 3 均值层面的数据在折线图中进行反映，如图 3 - 3 所示。由图 3 - 3 可以看出，房地产上市公司 A 股 20 强 2012 ~ 2018 年的年度平均母公司资产负债率均在 60% ~ 70%，年度平均合并报表资产负债率均位于 70% ~ 80%，说明房地产上市公司 A 股 20 强的整体负债水平很高，这可能与房地产行业需要大量现金流的特点有关。此外，年度平均合并报表资产负债率均高于年度平均母公司报表资产负债率。显然，在现有合并财

---

① 根据金地集团（证券代码：600383）2016 年的财务报告，金地集团母公司报表的资产为 82184807961.95 元，负债为 59530568760.1 元，合并报表的资产为 153634258937.25 元，负债为 100530387270.24 元。金地集团将子公司纳入合并报表后负债增加的相对比例为 68.87%，同理，金地集团将子公司纳入合并报表后资产增加的相对比例为 86.94%。

② 根据绿地控股（证券代码：600606）2016 年的财务报告，绿地控股母公司报表的资产为 76796430009.77 元，负债为 5000000000.00 元，合并报表的资产为 733137755490.64 元，负债为 655661830910.70 元。绿地控股将子公司纳入合并报表后负债增加的相对比例为 13013.24%，同理，绿地控股将子公司纳入合并报表后资产增加的相对比例为 854.65%。

务报表编制程序、方法下，合并报表资产负债率高于母公司报表资产负债率，这说明并不能依据合并报表资产负债率对母公司偿债能力和风险水平进行判断。

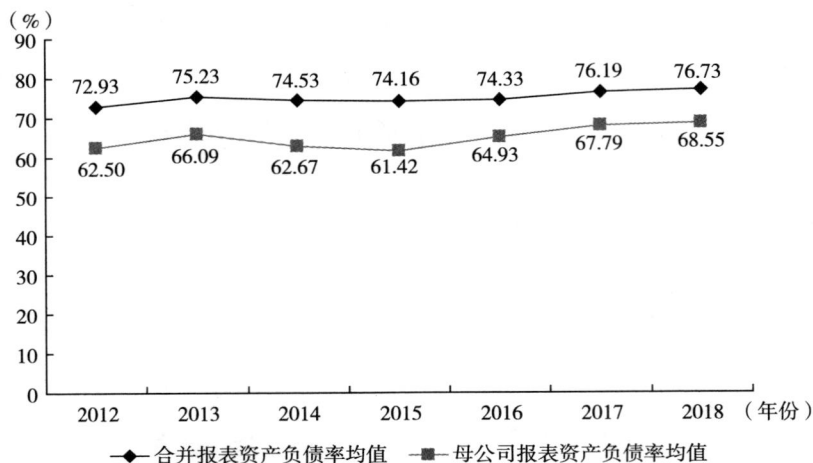

图 3-3　房地产上市公司 A 股 20 强 2012~2018 年母公司报表平均资产负债率与合并报表平均资产负债率对比折线

3.3　本章小结

本章涉及理论分析和实务状况两个方面，首先对合并报表理论（所有权理论、实体理论和母公司理论）进行介绍，其次对财务报表目标与合并报表放大效应、合并报表本身的特征与合并报表放大效应进行分析，最后以房地产行业为例对合并财务报表的放大效应的存在性及影响进行分析。

一方面，"控制标准"具有弹性大、主观性强的特点，合并财务报表具有"利己不损人"的特点，合并财务报表放大效应的存在，又会对合并财务报表各个项目产生重要的影响，再加上公司管理当局天然具有操控合并财务报表的动机，现行准则恰恰又配合了管理当局的这种操控动机。另一方面，财务报告使用者、监管机构又人为赋予合并财务报表法律或契约地位，极大地提高了合并财务报表的地位。在此背景下企业管理当局更可能利用合并财务报表放大效应的存在，操控合并报表的并表范围，实现个人私利。例如，房地产行业并表范围的确定常常取决于投资方的意图，管理当局通过并表范围来操控财务报表以达到自身目的。在财务报表使用者无法识别并表对财务报表数据影响的情况下，将损害合并报表的有用性，违背决策有用观下财务报告向使用者提供决策有用信息的财务报告目标。

4　合并报表的并表范围操控

4.1　引　言

CAS33（2014）规定，企业应该以控制为基础确定合并报表的并表范围。控制是指投资单位拥有对被投资单位的权力，投资单位通过参与被投资单位的相关活动而享有可变回报，且有能力运用对被投资单位的权力影响其回报金额。被投资单位的相关活动应依据具体情况判断，对被投资单位的回报能够产生重大影响的活动为相关活动，如被投资单位的金融资产的管理、商品或劳务的销售和购买、研究与开发活动、资产的购买和处置与融资活动等。在对公司并表进行统计的时候，我们发现了两种特殊的情况：第一，持股比例特别低，却对被投资企业进行了并表，如表4-1所示。第二，持股比例超过50%，却未对被投资企业进行并表，如表4-2所示。这些并表范围决策的案例是否都符合现行准则中控制的定义？其背后的并表动机又是什么？本章将对这些问题进行深入探讨与研究。

表4-1　持股比例与并表关系统计（持股比例＜30%）

主并方 证券代码	证券简称	年份	持股比例 （%）	是否并表	被投资单位
000009	中国宝安	2019	20	是	广州日信宝安新材料产业投资中心
000009	中国宝安	2019	19.80	是	武汉同道和科技合伙企业

续表

主并方证券代码	证券简称	年份	持股比例（%）	是否并表	被投资单位
000506	＊ST东泰	2008	12	是	山东中润集团淄博置业有限公司
300228	富瑞特装	2011	15	是	江苏新捷新能源有限公司
600057	象屿股份	2016	0.07	是	厦门屿商投资合伙企业
600057	象屿股份	2016	25.93	是	厦门象屿农业投资管理合伙企业
600057	象屿股份	2016	25.23	是	厦门象银投资合伙企业
600057	象屿股份	2016	28.05	是	江苏象屿国贸有限公司
600192	长城电工	2016	11.60	是	天水二一三重载电器有限公司
600238	海南椰岛	2019	15.87	是	海南椰岛投资管理有限公司
600239	云南城投	2019	0.64	是	云南安盛创享旅游产业投资合伙企业
600239	云南城投	2019	1	是	云南融城投资合伙企业
600824	益民商业	2008	2	是	上海中城企业集团五金交电有限公司
600824	益民商业	2008	2	是	上海金龙商业有限公司
600824	益民商业	2008	10	是	上海益民实业有限公司
600824	益民商业	2008	10	是	上海霞飞新坊购物中心有限公司

表4-2　持股比例与并表关系统计（持股比例＞50%）

主并方证券代码	证券简称	年份	持股比例（%）	是否并表	被投资单位
000089	深圳机场	2019	51	否	深圳机场雅仕维传媒有限公司
000421	南京中北	2011	51	否	南京中北威立雅交通客运有限公司
000632	三木集团	2019	90	否	青岛森城鑫投资有限责任公司
000632	三木集团	2019	90	否	上海元福房地产有限责任公司
000753	漳州发展	2019	54.17	否	福建华兴漳发创业投资有限公司
002484	江海股份	2011	52.50	否	南通海立电子有限公司
600018	上港集团	2007	55	否	武汉港务集团有限公司
600022	济南钢铁	2011	66.67	否	贝斯济钢（山东）钢板有限公司
600022	济南钢铁	2011	55	否	宁波大榭济钢经贸有限公司
600150	中国船舶	2008	51	否	上海中船三井造船柴油机有限公司
600150	中国船舶	2008	54	否	广州中船远航文冲船舶工程有限公司
600512	腾达建设	2018	58.33	否	上海磐石腾达投资合伙企业

主并方 证券代码	证券简称	年份	持股 比例（%）	是否 并表	被投资单位
600512	腾达建设	2018	58.33	否	上海磐石腾达泽善投资合伙企业
600697	欧亚集团	2013	51	否	济南欧亚大观园有限公司
600849	上海医药	2008	57.36	否	上海市医药股份有限公司安庆公司
601727	上海电气	2012	51	否	西门子风力发电设备（上海）有限公司
603618	杭电股份	2019	80	否	浙江杭电石墨烯科技有限公司
603618	杭电股份	2019	60	否	浙江杭电实业有限公司

由表4-1持股比例与并表关系统计可以看出，主并方持股比例相对较低，却对被投资单位进行了并表。特别地，上海益民商业股份有限公司（证券代码：600824，证券简称：益民商业）2008年仅持有上海中城企业集团五金交电有限公司（以下简称上海中城）和上海金龙商业有限公司（以下简称上海金龙）2%的股份，就对这两家公司进行了并表。益民商业2008年年报披露，虽然益民商业仅持有上海中城、上海金龙2%的股份，却拥有这两家被投资单位100%的表决权，因此将上海中城和上海金龙两家被投资单位纳入合并范围。此外，根据益民商业2008年年报，我们发现：第一，益民商业的控股股东和实际控制人为上海市卢湾区国资委，说明益民商业为国有企业，具有国资背景。第二，上海中城2008年净利润为3551771.15元，上海金龙2008年净利润为7328652.30元，说明益民商业并入的这两家被投资单位均处于盈利状态。那么益民商业将盈利良好的被投资单位纳入并表范围的动机是什么？国有企业的这种并表行为是否与其考核相关联？

由表4-2持股比例与并表关系统计可以看出，主并方持股比例大于50%，却未对被投资单位进行并表。特别地，中国船舶工业股份有限公司（证券代码：600150，证券简称：中国船舶）2008年持有上海中船三井造船柴油机有限公司（以下简称上海中船）51%的股份，持股比例超过半数，却没有对该公司进行并表。中国船舶2008年年报披露，拥有半数以上表决权，但未能对其形成控制的原因为：根据上海中船公司章程，其重大经营以及财务决策需由中国船舶与上海中船外方投资者共同决定，故将上海中船作为中国船舶的合营公司未纳入合并范围。此外，根据中国船舶 2008 年年报，我们发现：第一，中国船舶的实际控制人为国务院国资委，说明中国船舶为国有企业，具有国资背景。第二，上海中船 2008 年净利润为－3891.86 万元，表明上海中船处于亏损状态。第三，在年报披露的合营企业及联营企业主要信息中，中国船舶持有上海中船 51% 的股份，同时拥有被投资单位 51% 的表决权。中国船舶拥有上海中船半数以上表决权却仍未将上海中船纳入并表范围，那么，中国船舶未将亏损的被投资单位纳入并表范围的动机是什么？国有企业的这种并表行为是否与其考核相关联？

后续中央企业负责人考核办法又经过了 2009 年、2012 年、2016 年、2019 年等多次修订，但中央企业负责人的经营业绩考核均与合并报表利润总额或净利润挂钩。例如，2012 年 12 月 29 日颁布的《中央企业负责人经营业绩考核暂行办法》明确指出，经济增加值与利润总额指标为央企负责人经营业绩考核的两个基本指标。其中，利润总额是指经核定的合并利润表中的利润总额。在计算利润总额过程中可以扣除非经常性收益，加上经核准的企业因为处理历史遗留问题等而对企业经营业绩产生关键影响的因素。如果企业的经济增加值或者利润总额为负值且没有得到改善，原则上企业的最终考核结果不能进入最高级别 A 级。对于上年利润总额大于当年利润总额的企业，企业考核结果无论处于什么级别，其负责人的绩效薪酬倍数均应比上年低。又如 2016 年 12 月 8 日发布的《中央企业负责人经营业绩考核办法》指出，中央企业负责人工资总额预算与利润总额目标值结合；考核计分、结果评级与企业年度经济增加值、利润总额指标目标值挂钩。再如 2019 年 3 月 7 日发布的《中央企业负责人经营业绩考核办法》明确规定，中央企业负责人工资总额预算与净利润等经济效益指标的目标值结合，工资预算水平由目标值先进程度来确定；考核计分、结果评级与企业年度经济增加值、净利润指标目标值挂钩。与 2016 年的中央企业负责人考核办法相比，2019 年的中央企业负责人考核办法的变化为：在年度考核基本指标中用净利润替换利润总额，但依然依据合并财务报表净利润数据。可见，将盈利良好的被投资单位并入投资方的合并报表，将亏损的被投资单位排除在投资方的并表范围之外，均有助于美化合并报表利润总额数额，进而提升中央企业负责人的经营业绩。因此，国有企业管理当局在合并报表并表范围的决策中，可能具有与其自身考核相联系的放大利润动机、隐藏负债动机与规避亏损动机。基于此，提出本章的研究问题：企业是否会操纵合并范围（即对于一项特定的长期股权投资，有选择性地将被投资单位并入合并报表范围或仅仅对该项长期股权投资采用权益法核算），以达到操控财务报表数据的目的？换言之，什么样的投资企业会倾向于将被投资企业并入表内？投资企业会倾向于将什么样的被投资企业并入表内？

4.2 理论推导与研究假设

功能锁定假说认为，投资者在决策过程中往往锁定某种特定的指标或表面信息，不能看穿公司的财务报表，不能充分理解和利用有关信息来评估证券价值做出正确的决策，对公司市场价值做出了不充分和有偏差的估计（翟进步等，2011）。会计准则制定机构对合并财务报表的认可与强化，以及证券监管机构对合并财务报表的认可，导致包括投资者在内的很多其他使用者，不能充分认识合并财务报表的局限性，甚至往往将合并财务报表等同于母公司财务报表。基于功能锁定假说，投资者不是那么理性，不能看穿公司的财务报表，会根据企业的合并财务报表做出决策，再加上各类利益相关者高度"认可"合并财务报表对财务数据的放大，或者说高度"认可"合并财务报表的放大效应，从而使管理者能够比较容易地成功利用并表范围的弹性操控合并财务报表。

投资企业是否将一家被投资单位纳入合并财务报表的并表范围，会影响基于合并财务报表计算的财务指标，如总资产、总收入、资产负债率、资产收益率（ROA）等。假设投资企业对被投资企业的持股比例为80%，投资日被投资企业的可辨认净资产公允价值和账面价值相等，投资企业支付的对价与取得的被投资企业可辨认净资产公允价值的份额相等，没有商誉；投资日之后投资企业与被投资企业之间没有发生内部交易。

（1）对资产负债表的影响。假设投资日被投资企业的资产为100万元，负债为60万元，所有者权益为40万元；投资企业的资产为100万元（假设已经包括了对被投资企业的长期股权投资40×80%＝32万元），负债为40万元，所有者权益为60万元。如果投资企业将被投资企业纳入合并财务报表的并表范围，那么投资企业合并资产负债表中资产为168万元（＝投资企业资产100万元＋被投资企业资产100万元－投资企业资产中已经包括的对被投资企业的长期股权投资32万元），负债为100万元（＝投资企业负债40万元＋被投资企业负债60万元），所有者权益为68万元（＝归属于母公司的所有者权益60万元＋少数股东权益8万元）。合并资产负债表的资产、负债、所有者权益项目与母公司资产负债表的资产、负债、所有者权益项目相比，合并资产负债表的资产增加，负债增加，资产负债率提高。公式推导如下：

$$\text{并表后合并资产负债表的资产} = asset1 + asset2 - (asset2 - liability2) \times p\% \tag{4-1}$$

其中，asset1为投资企业资产，asset2为被投资企业资产，liability2为被投资企业负债，p%为投资企业占被投资企业净资产的份额。式（4-1）可以理解为投资企业的资产＋被投资企业的资产－投资企业资产中已经包括的被投资企业的长期股权投资。

由此可知，少数股东权益份额越大，被投资企业总资产数额越大，权益数额越小，并入后资产增加越多。即少数股东权益份额越大，p%越小，并入后合并报表中的资产越大，即并入后资产增加越多。此外，被投资企业总资产数额越大，权益数额越小，这两个条件也会导致并入后资产增加越多。

$$\text{并表后合并资产负债表的负债} = liability1 + liability2 \tag{4-2}$$

其中，liability1为投资企业的负债，liability2为被投资企业的负债。

$$\text{并表后的资产负债率} = (liability1 + liability2) \div [asset1 + asset2 - (asset2 - liability2) \times p\%] \tag{4-3}$$

被投资企业资产负债率liability2/asset2越高，投资企业对被投资企业的持股份额 p% 越大，并入合并报表后资产负债率越高。换言之，从资产负债率的角度考虑，投资企业应该更愿意并入少数股东比例高、资产负债率低的被投资单位。值得注意的是，并表后合并报表的资产负债率大多数时候是升高的，即使并入与主并方的资产负债率相同的被投资企业，并表后合并报表的资产负债率也会提高。

（2）对利润表的影响。假设被投资企业收入为 100 万元，费用为 40 万元，利润为 60 万元。已知，若将被投资企业以长期股权投资核算，投资企业收入为 100 万元，投资企业对被并企业的长期股权投资的投资收益为 48 万元（=60×80%），费用为 60 万元，利润为 88 万元。那么，若将被投资企业的利润表纳入合并利润表，则投资企业合并利润表中收入为 200 万元（=投资企业收入 100 万元 + 被投资企业收入 100 万元），合并利润表中费用为 100 万元（=投资企业费用 60 万元 + 被投资企业费用 40 万元），合并利润表中利润为 100 万元（=归属于母公司的利润 88 万元 + 少数股东利润 12 万元）。与母公司报表相比，合并利润表的总收入增加，合并净利润增加，销售净利率降低。公式推导如下：

$$并表后合并利润表的收入 = revenue1 + revenue2 \qquad (4-4)$$

其中，revenue1 为投资企业的总收入，revenue2 为被投资企业的总收入。式（4-4）可以理解为投资企业的总收入 + 被投资企业的总收入。

$$并表后合并利润表的净利润 = netincome1 + netincome2 \times (1-p\%) \qquad (4-5)$$

其中，netincome1 为投资企业的净利润，netincome2 为被投资企业的净利润，p% 为投资企业占被投资企业可辨认净资产的份额。式（4-5）可以理解为归属于母公司的利润 + 少数股东利润。

$$并表后合并利润表的销售净利率 = [netincome1 + netincome2 \times (1-p\%)] \div [revenue1 + revenue2 - netincome2 \times p\%]$$

$$(4-6)$$

其中，各变量定义同式（4-4）和式（4-5）。由式（4-4）、式（4-5）和式（4-6）可知，被投资单位收入越多，少数股东持股比例越高，即投资企业占被投资企业可辨认净资产的份额 p% 越小，并表后合并利润表中的收入和净利润越大。被投资企业的销售净利率越高，少数股东份额越高，并表后合并利润表的销售净利率越高。即 p% 越小，分子分母越大，而且增加的一样大，如从 3/4 变成 4/5，合并利润表销售净利率变大了。值得注意的是，与母公司报表销售净利率相比，并表后合并利润表的销售净利率大多数情况下会下降。具体体现为：如果并入企业的销售净利率与投资企业相等，合并后销售净利率也会下降。

企业管理层倾向于以超出企业的最优规模扩大企业规模或者保留未使用的资源以增加个人权力和薪酬，提升个人地位和声誉等（Murphy，1985；Jensen，1986；Jensen & Murphy，1990；Rose & Shepard，1997；Hope & Thomas，2008）。一方面，虽然很多时候扩张企业规模，会降低企业的盈利能力，破坏企业价值（Hope & Thomas，2008）。但是根据代理理论，当缺乏对公司管理层的监督时，管理层会做出使自身利益最大化的决策，而非使股东利益最大化的决策（Jensen & Meckling，1976）。另一方面，根据将被投资企业纳入合并范围对合并资产负债表影响的分析，将被投资企业纳入合并范围后，合并资产负债表的资产会增加。因此，管理层出于增加个人权力和薪酬，提升个人地位和声誉等方面的考虑，有做大动机的企业更倾向于将被投资企业纳入合并范围，以扩张企业规模。

此外，证监会给予了上市公司合并利润表中的营业收入很高的地位，将合并营业收入与企业的退市风险警示关联。例如，2018 年修订的《深圳证券交易所股票上市规则》（深证上〔2018〕166 号）规定，上市公司最近一个会计年度经审计的营业收入低于一千万元或者因追溯重述导致最近一个会计年度营业收入低于一千万元时，深圳证券交易所有权对其股票交易实行退市风险警示。其中，营业收入是指上市公司利润表列报的营业收入，如果上市公司编制合并财务报表，则营业收入为合并利润表列报的营业总收入。证监会对上市公司的考核标准会助推有做大动机的公司倾向于将被投资企业纳入合并范围，以满足证监会的考核标准。这是因为：根据将被投资企业纳入合并范围对合并利润表影响的分析，将被投资企业纳入合并范围后，合并利润表的营业收入会增加。

再者，《财富》世界 500 强排名以及我国企业 500 强排名都是根据合并财务报表中的营业收入确定的。我国企业"以规模论英雄""喜大"的倾向比较明显

（周华等，2018），出于世界 500 强排名和我国企业 500 强排名的考虑，企业有动机将被投资企业纳入合并范围，以提升合并报表营业收入的排名。基于此，提出假设：

H1：在其他条件一定的情况下，相比无做大动机的企业，有做大动机的企业更倾向于将被投资企业纳入合并范围。

根据式（4-1）并表后合并资产负债表的资产 = asset1 + asset2 - （asset2 - liability2）×p%，在其他条件不变的情况下，投资企业占被投资企业净资产的份额 p% 越小，即少数股东持股比例越高，将被投资单位纳入合并范围后，合并资产负债表的资产越大。根据式（4-4）并表后合并利润表的收入 = revenue1 + revenue2 - netincome2×p%，在其他条件不变的情况下，投资企业占被投资企业可辨认净资产的份额 p% 越小，即少数股东持股比例越高，将被投资单位纳入合并范围后，合并利润表的收入越大。根据式（4-5）并表后合并利润表的净利润 = netincome1 + netincome2×（1-p%），在其他条件不变的情况下，投资企业占被投资企业可辨认净资产的份额 p% 越小，即少数股东持股比例越高，将被投资企业纳入合并范围后，合并利润表的净利润越大。因此，越想变大的企业，越想并入少数股东持股比例高，即投资企业占被投资企业可辨认净资产份额小的被投资企业，此时投资企业合并报表的资产、收入、利润等更大，将被投资企业纳入合并范围对合并财务报表项目发挥的杠杆作用更大。基于此，提出假设：

H2：在其他条件一定的情况下，相比无做大动机的企业，有做大动机的企业更倾向于将少数股东持股比例高的被投资企业纳入合并范围。

国有企业负责人的激励契约是在合并财务报表经营业绩的基础上开展的，因此国有企业具有提高合并财务报表业绩的显性要求（辛清泉和谭伟强，2009）。1994 年发布的《国有资产保值增值考核试行办法》指出，企业法定代表人应该承担国有资产保值增值的责任，且法定代表人的收入与国有资产保值增值紧密结合；要求国家在考核国有资产保值增值状况时，需要参考国有资产的经营效益指标。2003 年出台的《中央企业负责人经营业绩考核暂行办法》明确提出根据经营业绩考核结果对负责人进行奖惩。虽然后续中央企业负责人经营业绩考核办法经过了 2006 年、2009 年、2012 年、2016 年、2019 年等多次修订，但中央企业负责人的经营业绩考核均与合并报表利润总额或净利润挂钩。

可见，国有企业负责人的激励契约是在合并财务报表经营业绩的基础上开展的，国有企业具有提高合并财务报表业绩的显性要求。国资委对国有企业的持续考核评价，使国有企业具有"持续做大"的强烈动机。

与非国有企业相比，国有企业负责人会受到更强的社会监督、更高的显性业绩要求、更弱的掏空动机的影响，再加上国有企业负责人身份的特殊性，这就使与非国有企业相比，国有企业负责人激励契约更为看重公司的绩效表现（姜付秀等，2014）。将被投资企业纳入合并范围对合并报表项目的影响深远，将盈利的被投资企业纳入合并范围后，合并报表的资产规模、营业收入、营业利润、净利润等项目均会增加。与非国有企业相比，国有企业更强调企业的会计绩效，其高管激励契约更注重绩效导向（姜付秀等，2014），这就使与非国有企业相比，有做大动机的国有企业更倾向于将被投资企业纳入合并范围。基于此，提出假设：

H3：相比有做大动机的非国有企业，有做大动机的国有企业更倾向于将被投资企业纳入合并范围。

4.3 研究设计

（1）样本选择。样本区间为 2007～2017 年。2006 年 2 月 15 日，财政部发布了包括 38 项具体会计准则与一项基本会计准则的新会计准则体系。因此，样本区间以全面实施新会计准则的 2007 年开始。是否并表的数据取自母公司报表中长期股权投资项目的报表附注和合并报表中长期股权投资项目的报表附注的对比判断。投资企业特征、被投资企业特征及其他相关变量数据均来源于 CSMAR 数据库。目前的样本来自母公司报表中长期股权投资项目的附注中的所有被投资单位，样本单位是母公司—被投资单位。此外，对连续变量进行 1% 的缩尾（Winsorize）处理。

（2）回归模型与变量定义。通过模型（4-7）检验假设1：

$$consolidate_{i,t} = \lambda_0 + \lambda_1 change1_{i,t} + \lambda_2 soe_{i,t} + \lambda_3 eratio_{i,t} + \lambda_4 lev\_02_{i,t} + \lambda_5 lna\_$$
$$p_{i,t} + \lambda_6 current\_p_{i,t} + \lambda_7 big4_{i,t} + \lambda_8 independence_{i,t} + \lambda_9 dual_{i,t} +$$
$$\lambda_{10} board_{i,t} + \lambda_{11} analyst_{i,t} + \lambda_{12} R\&D_{i,t} + \lambda_{13} employee_{i,t} +$$
$$\sum industry + \sum year + \varphi_{it} \qquad (4-7)$$

如果一个被投资单位在母公司报表中长期股权投资项目的附注中，但不在合并报表中长期股权投资项目的附注中，说明投资单位将该被投资单位纳入了合并报表，consolidate 取值为1。因为如果投资企业甲公司将被投资企业乙公司纳入了合并报表，那么从合并主体的角度看，甲公司与乙公司两者融为一体，甲公司与乙公司之间的投资与被投资关系就不复存在，甲公司合并报表中长期股权投资项目当然就不包括对乙公司的长期股权投资，合并报表中长期股权投资项目的附注中也就不包括乙公司，而乙公司的各个单项资产与负债项目并入了甲公司的合并资产负债表。如果一个被投资单位同时出现在母公司报表中长期股权投资项目的附注和合并报表中长期股权投资项目的附注中，说明投资单位未将该被投资单位纳入合并报表，则 consolidate 取值为0。如果公司规模扩大，管理层会获得更高的声誉和薪酬，因此管理层有动机做大公司规模（Jensen，1986；Rose & Shepard，1997；Hope & Thomas，2008）。但对于即将退休或者短期内要离职的公司管理层来说，他们的继任者更有可能会获取公司扩张规模所带来的预期收益，因此他们做大公司规模的动机较低（Chen et al.，2012）。参照 Chen 等（2012）的观点，构建测试变量"企业做大动机"（change1），总经理变更当年或者变更前一年取值为1，否则为0。change1 是公司做大动机的反向指标，change1 取值为1时，表示公司做大动机较小，change1 取值为 0 时，表示公司做大动机较大。根据假设1，预期 change1 与 consolidate 显著负相关。

参考 Hope 和 Thomas（2008）、Humphery - Jenner（2012）等文献，控制变量中对是否国有企业（soe）、投资企业享有被投资企业的权益比率（eratio）、被投资企业资产负债率（lev_02）、投资企业规模（lna_p）、投资企业流动比率

（current_p）、独董比例（independence）、是否四大审计（big4）、董事长与总经理是否兼任（dual）、董事会规模（board）、分析师跟踪数量（analyst）、研发投入（R&D）、公司员工数量（employee）、年度固定效应、行业固定效应进行了控制。各变量的具体定义如表4-3所示。

表4-3 变量定义

变量	符号	变量定义
是否并表	consolidate	如果一个被投资单位出现在母公司报表中长期股权投资项目的附注中，但不在合并报表中长期股权投资项目的附注中，则为并表，取值为1。如果一个被投资单位同时出现在母公司报表和合并报表的长期股权投资项目的附注中，则未并表，取值为0
做大动机	change1	总经理变更当年或变更前一年，企业做大动机较弱，取值为1，否则，企业做大动机较强，取值为0，参考 Chen、Lu 和 Sougiannis（2012）
企业性质	soe	国有企业取值为1，否则为0
持股比例	eratio	投资企业享有被投资企业的权益比率（%）
资产负债率	lev_02	被投资企业负债总额比资产总额
企业规模	lna_p	投资企业母公司报表资产总额的自然对数
流动比率	current_p	投资企业母公司报表流动资产比流动负债
四大审计	big4	四大审计取值为1，否则为0
独董比例	independence	独立董事人数÷董事人数（%）
两职兼任	dual	董事长与总经理兼任为1，否则为0
董事会规模	board	董事人数
分析师数量	analyst	分析师跟踪数量
研发投入	R&D	公司研发投入与公司营业收入的比值（%）
员工人数	employee	公司员工人数的自然对数
做大动机	change2	董事长变更当年或变更前一年，或者总经理变更当年或变更前一年取值为1，否则为0
做大动机	fd_a	与母公司总资产相比，并表使总资产在行业内的排名提前了多少，即母公司报表中总资产行业排名与合并报表中总资产行业排名的差值
做大动机	fd_rev	与母公司总收入相比，并表使总收入在行业内的排名提前了多少，即母公司报表中总收入行业排名与合并报表中总收入行业排名的差值

变量	符号	变量定义
做大动机	meanga	过去三年的资产平均增长率
做大动机	meangrev	过去三年的营业收入平均增长率
资产负债率	lev_p	投资企业母公司报表负债总额比资产总额
资本支出增长率	grcpx_p	（当期母公司报表购建固定资产、无形资产和其他长期资产支付的现金－上期母公司报表购建固定资产、无形资产和其他长期资产支付的现金）÷上期母公司报表购建固定资产、无形资产和其他长期资产支付的现金
资产增长率	growa	ln（下期资产总额÷当期资产总额），参考 Humphery – Jenner（2012）
固定资产增长率	growppe	ln（下期固定资产净额÷当期固定资产净额），参考 Humphery – Jenner（2012）
现金增长率	growcash	ln（下期现金及现金等价物÷当期现金及现金等价物），参考 Humphery – Jenner（2012）
管理层持股	mshare	管理层持股比例（%）
销售净利率	profit_02	被投资企业销售净利率，被投资企业净利润与被投资企业销售收入的比率
销售净利率	Profit_p	投资企业销售净利率，投资企业净利润与投资企业销售收入的比率

为检验假设2，在模型（4－7）的基础上加入投资企业享有被投资企业的权益比率与公司做大动机的交乘项：

$$consolidate_{i,t} = \beta_0 + \beta_1 change1_{i,t} + \beta_2 change1_{i,t} \times eratio_{i,t} + \beta_3 eratio_{i,t} + \beta_4 soe_{i,t} +$$
$$\beta_5 lev\_02_{i,t} + \beta_6 lna\_p_{i,t} + \beta_7 current\_p_{i,t} + \beta_8 big4_{i,t} +$$
$$\beta_9 independence_{i,t} + \beta_{10} dual_{i,t} + \beta_{11} board_{i,t} + \beta_{12} analyst_{i,t} +$$
$$\beta_{13} R\&D_{i,t} + \beta_{14} employee_{i,t} + \sum industry + \sum year + \varphi_{it}$$

$$(4-8)$$

其中，投资企业享有被投资企业的权益比率（eratio）与企业做大动机（change1）的交乘项用以检验投资企业享有不同的权益比率下，即在不同的少数股东持股比例情况下，企业做大动机对是否并表的影响是否存在显著差异。根据假设2，预期 change1 × eratio 与 consolidate 显著正相关。

为检验假设3，在模型（4－7）的基础上加入国有企业与公司做大动机的交乘项：

$$consolidate_{i,t} = \alpha_0 + \alpha_1 change1_{i,t} + \alpha_2 change1_{i,t} \times soe_{i,t} + \alpha_3 soe_{i,t} + \alpha_4 eratio_{i,t} +$$

$$\alpha_5 lev\_02_{i,t} + \alpha_6 lna\_p_{i,t} + \alpha_7 current\_p_{i,t} + \alpha_8 big4_{i,t} +$$

$$\alpha_9 independence_{i,t} + \alpha_{10} dual_{i,t} + \alpha_{11} board_{i,t} + \alpha_{12} analyst_{i,t} +$$

$$\alpha_{13} R\&D_{i,t} + \alpha_{14} employee_{i,t} + \sum industry + \sum year + \varphi_{it} \qquad (4-9)$$

其中，是否国有企业（soe）与企业做大动机（change1）的交乘项用以检验不同企业性质下，企业做大动机对是否并表的影响是否存在显著差异。根据假设3，预期 change1 × soe 与 consolidate 显著负相关。

4.4　实证结果与分析

4.4.1　描述性统计

表 4 - 4 给出模型中主要变量的描述性统计结果。其中，是否并表（consolidate）的均值为 0.144，这表明 14.4% 的样本观测值选择并表。企业做大动机（change1）的均值为 0.268，这表明 26.8% 的样本观测值处于总经理变更当年或变更前一年，企业做大动机相对较低。是否国有企业（soe）的均值为 0.832，这表明 83.2% 的样本观测值为国有企业。投资企业享有被投资企业的权益比例（eratio）均值为 37.84%，中位数为 35%，最小值为 10%，最大值为 100%，这表明样本观测值中投资企业平均享有被投资企业的权益比例为 37.84%，投资企业享有被投资企业的最小权益比例为 10%，最大权益比例为 100%。被投资企业资产负债率（lev_02）均值为 0.476，中位数为 0.489，最小值为 0.002，最大值为 0.993，这表明被投资企业资产负债率相差较大，均值为 47.6%，中位数为 48.9%。

表 4 - 4　主要变量描述性统计

变量	观测值	均值	最小值	中位数	最大值	标准差
consolidate	861	0.144	0.000	0.000	1.000	0.351
change1	861	0.268	0.000	0.000	1.000	0.443

变量	观测值	均值	最小值	中位数	最大值	标准差
soe	861	0.832	0.000	1.000	1.000	0.374
eratio（%）	861	37.840	10.000	35.000	100.000	17.006
lev_02	861	0.476	0.002	0.489	0.993	0.270
lna_p	861	22.387	18.887	21.946	25.732	1.524
current_p	861	2.158	0.007	1.104	36.518	4.782
big4	861	0.185	0.000	0.000	1.000	0.388
independence（%）	861	37.010	33.333	33.333	66.667	6.594
dual	861	0.099	0.000	0.000	1.000	0.298
board	861	9.303	5.000	9.000	15.000	1.717
analyst	861	20.274	0.000	9.000	121.000	27.932
R&D（%）	861	0.742	0.000	0.000	5.216	1.301
employee	861	8.267	4.575	8.201	12.529	1.591

注：连续变量已在 1 和 99 分位数缩尾。

4.4.2 假设检验

表 4-5 给出模型（4-7）、模型（4-8）和模型（4-9）的 OLS 回归结果，检验企业做大动机对是否并表的影响。由列（1）可知，change1 与 consolidate 在 5% 水平上显著负相关，这表明在其他条件一定的情况下，有做大动机的企业更倾向于将被投资企业纳入合并范围，支持了假设 1。对于即将退休或者短期内要离职的公司管理层来说，他们的继任者更有可能会获取公司扩张规模所带来的预期收益，因此他们做大公司规模的动机较低，并不会有很强的意愿将被投资企业纳入合并范围。由列（2）可知，change1 × eratio 与 consolidate 在 1% 水平上显著正相关，这表明在其他条件一定的情况下，有做大动机的企业更倾向于将投资企业享有权益比例低的被投资企业，即少数股东持股比例高的被投资企业纳入合并范围，支持了假设 2。越想做大的企业，越想并入少数股东持股比例高的被投资单位，此时投资企业合并报表的资产、收入、利润等会因为并表而显现更大的放大效应。由列（3）可知，change1 × soe 与 consolidate 显著负相关，这表明与非

国有企业相比，有做大动机的国有企业更倾向于将被投资企业纳入合并范围，支持了假设3。

表4-5 企业做大动机与是否并表的回归结果

variables	consolidate		
	（1）	（2）	（3）
change1	-1.464 **	-6.084 ***	0.887
	（-2.399）	（-3.663）	（0.593）
change1 × eratio		0.102 ***	
		（2.783）	
change1 × soe			-3.221 *
			（-1.878）
soe	1.210	1.823 *	1.937 *
	（1.417）	（1.765）	（1.649）
eratio	0.067 ***	0.046 ***	0.059 ***
	（5.232）	（3.411）	（4.562）
lev_02	1.048	1.003	0.951
	（1.601）	（1.553）	（1.373）
lna_p	-0.179	-0.260	-0.180
	（-0.418）	（-0.606）	（-0.401）
current_p	0.147	0.156	0.142
	（0.306）	（0.299）	（0.202）
big4	3.585 ***	3.411 ***	3.612 ***
	（3.030）	（3.014）	（3.055）
independence	0.161 **	0.181 ***	0.172 **
	（2.471）	（2.689）	（2.445）
dual	-0.086	-0.052	0.018
	（-0.078）	（-0.049）	（0.016）
board	-0.196	-0.247	-0.279
	（-0.874）	（-1.114）	（-1.230）
analyst	0.017	0.024 *	0.021
	（1.224）	（1.731）	（1.408）
R&D	0.402	0.420	0.482
	（0.963）	（0.977）	（1.101）

variables	consolidate		
	（1）	（2）	（3）
employee	− 0. 796 ***	− 0. 721 ***	− 0. 766 ***
	（ − 2. 903）	（ − 2. 720）	（ − 2. 761）
constant	1. 376	2. 385	1. 554
	(0. 133)	(0. 225)	(0. 138)
year	yes	yes	yes
industry	yes	yes	yes
observations	861	861	861
Pseudo R^2	0. 616	0. 631	0. 624

注： *** 、 ** 、 * 分别表示在 1% 、5% 和 10% 水平上显著，括号中为经过 cluster 调整后的 t 值。

4.5 稳健性检验

4.5.1 改变企业做大动机度量方式：董事长或总经理变更

我们尝试改变企业做大动机的衡量方式，以增强研究结论的稳健性，具体通过 change2（董事长变更当年或变更前一年，或者总经理变更当年或变更前一年取值为 1，否则为 0）衡量企业做大动机。表 4 - 6 给出改变企业做大动机衡量方式后的 OLS 回归结果。由列（1）可知，change2 与 consolidate 在 1% 水平上显著负相关，这表明在其他条件一定的情况下，有做大动机的企业更倾向于将被投资企业纳入合并范围，再次验证了假设 1。由列（2）可知，change2 × eratio 与 consolidate 在 5% 水平上显著正相关，这表明在其他条件一定的情况下，有做大动机的企业更倾向于将投资企业享有被投资企业的权益比例低，即少数股东持股比例高的被投资企业纳入合并范围，再次验证了假设 2。越想做大的企业，越想并入少数股东持股比例高的被投资单位，此时投资企业合并报表的资产、收入、利润等会因为并表被放大。由列（3）可知，change2 × soe 与 consolidate 显著负相关，这表明与非国有企业相比，有做大动机的国有企业更倾向于将被投资企业纳入合并范围，再次验证了假设3。

表4-6 企业做大动机与是否并表：董事长或总经理变更

variables	consolidate		
	（1）	（2）	（3）
change2	-1.823***	-5.526***	0.400
	（-3.421）	（-3.726）	（0.303）
change2 × eratio		0.087**	
		（2.483）	
change2 × soe			-2.785*
			（-1.892）
soe	1.221	1.688*	1.873*
	（1.456）	（1.768）	（1.655）
eratio	0.066***	0.046***	0.058***
	（5.106）	（3.174）	（4.464）
lev_02	0.963	0.935	0.783
	（1.438）	（1.394）	（1.104）
lna_p	-0.104	-0.215	-0.114
	（-0.244）	（-0.508）	（-0.257）
current_p	0.158	0.165	0.137
	（0.350）	（0.343）	（0.205）
big4	3.341***	3.158***	3.276***
	（2.856）	（2.787）	（2.788）
independence	0.150**	0.161**	0.149**
	（2.278）	（2.338）	（2.125）
dual	-0.223	-0.161	-0.109
	（-0.207）	（-0.155）	（-0.098）
board	-0.210	-0.229	-0.290
	（-0.922）	（-0.998）	（-1.282）
analyst	0.019	0.025*	0.024*
	（1.457）	（1.924）	（1.743）

variables	consolidate		
	（1）	（2）	（3）
R&D	0.301	0.266	0.348
	(0.728)	(0.683)	(0.818)
employee	− 0.840 ***	− 0.748 ***	− 0.814 ***
	(− 2.846)	(− 2.642)	(− 2.701)
constant	0.988	2.587	1.927
	(0.095)	(0.244)	(0.175)
year	yes	yes	yes
industry	yes	yes	yes
observations	861	861	861
Pseudo R^2	0.625	0.638	0.633

注：括号中为经过 cluster 调整后的 t 值，***、**、* 分别表示在 1%、5% 和 10% 水平上显著。

4.5.2 改变企业做大动机度量方式：并表使企业排名提升的幅度

我们通过以下两种方式构建企业做大动机：第一种，与母公司报表总资产相比，并表使总资产在行业内排名的提升幅度（fd_a）。该指标越大，表明企业的做大动机越强。第二种，与母公司报表总收入相比，并表使总收入在行业内排名的提升幅度（fd_rev）。该指标越大，表明企业的做大动机越强。表 4 - 7 给出上述两种企业做大动机指标构建方式下，企业做大动机对是否并表的 OLS 回归结果。由列（1）可知，企业做大动机指标（fd_a）与是否并表（consolidate）显著正相关，表明在其他条件一定的情况下，有做大动机的企业更倾向于将被投资企业纳入合并范围，再次证明了假设。由列（2）可知，企业做大动机指标（fd_rev）与是否并表（consolidate）显著正相关，表明在其他条件一定的情况下，有做大动机的企业更倾向于将被投资企业纳入合并范围。此外，由列（1）与列（2）均可知，是否国有企业（soe）与是否并表（consolidate）均显著正相关，这表明国有企业更倾向于并表，国有企业比非国有企业更倾向于做大企业规模。

表4-7 企业做大动机与是否并表：并表使企业排名提升的幅度

variables	consolidate	
	（1）	（2）
fd_a	0.012 *	
	(1.904)	
fd_rev		0.008 *
		(1.706)
soe	1.707 *	1.465 *
	(1.828)	(1.690)
eratio	0.072 ***	0.060 ***
	(5.679)	(4.605)
lev_02	0.985	0.749
	(1.321)	(1.049)
lna_p	0.026	-0.049
	(0.060)	(-0.115)
current_p	0.231	0.222
	(0.461)	(0.372)
big4	3.339 ***	3.129 **
	(2.678)	(2.495)
independence	0.144 **	0.112
	(2.043)	(1.495)
dual	0.400	0.049
	(0.360)	(0.043)
board	-0.182	-0.284
	(-0.766)	(-1.110)
analyst	0.015	0.019
	(1.095)	(1.347)
R&D	0.449	0.154
	(1.167)	(0.326)
employee	-0.839 ***	-0.787 ***
	(-3.151)	(-2.848)
constant	-3.870	0.386
	(-0.361)	(0.034)
year	yes	yes
industry	yes	yes
observations	861	856
Pseudo R^2	0.613	0.615

注：括号中为经过 cluster 调整后的 t 值，*** 、** 、* 分别表示在 1% 、5% 和 10% 水平上显著。

4.5.3　改变企业做大动机度量方式：资产或收入增长率

我们通过以下两种方式构建企业做大动机：第一种，企业过去三年的资产平均增长率（meanga）。该指标越大，表明企业的做大动机越强。第二种，企业过去三年的营业收入平均增长率（meangrev）。该指标越大，表明企业的做大动机越强。表4－8给出上述两种企业做大动机指标构建方式下，企业做大动机对是否并表的OLS回归结果。由列（1）可知，企业做大动机指标（meanga）与是否并表（consolidate）显著正相关，表明在其他条件一定的情况下，有做大动机的企业更倾向于将被投资企业纳入合并范围，再次证明了假设。由列（2）可知，企业做大动机指标（meangrev）与是否并表（consolidate）显著正相关，表明在其他条件一定的情况下，有做大动机的企业更倾向于将被投资企业纳入合并范围。此外，由列（1）与列（2）均可知，是否国有企业（soe）与是否并表（consolidate）均显著正相关，这表明国有企业更倾向于并表，国有企业比非国有企业更倾向于做大企业规模。

表4－8　企业做大动机与是否并表：资产或收入增长率

variables	consolidate	
	（1）	（2）
meanga	1.004 **	
	(2.154)	
meangrev		2.624 ***
		(2.711)
soe	3.191 **	3.353 ***
	(2.489)	(2.652)
eratio	0.050 ***	0.051 ***
	(3.487)	(3.659)
lev_02	−0.102	−0.174
	(−0.153)	(−0.248)
lna_p	−0.423	−0.268
	(−0.755)	(−0.454)

variables	consolidate	
	（1）	（2）
current_p	− 0. 309 *	− 0. 375 **
	（ − 1. 808）	（ − 2. 037）
big4	4. 038 **	3. 966 **
	（2. 462）	（2. 367）
independence	0. 222 **	0. 246 **
	（2. 201）	（2. 212）
dual	− 0. 279	− 0. 372
	（ − 0. 212）	（ − 0. 304）
board	− 0. 119	− 0. 115
	（ − 0. 350）	（ − 0. 355）
analyst	0. 004	0. 002
	（0. 291）	（0. 147）
R&D	0. 655	0. 603
	（1. 428）	（1. 209）
employee	− 0. 649 **	− 0. 760 **
	（ − 2. 077）	（ − 2. 315）
constant	1. 516	− 1. 823
	（0. 112）	（ − 0. 128）
year	yes	yes
industry	yes	yes
observations	784	784
Pseudo R^2	0. 629	0. 641

注：括号中为经过 cluster 调整后的 t 值，＊＊＊、＊＊、＊分别表示在 1% 、5% 和 10% 水平上显著。

4.6 进一步分析

4.6.1 资产负债率与是否并表

由式（4−3）并入后资产负债率 =（liability1 + liability2）÷［asset1 + asset2 − （asset2 − liability2）× p%］可知，被投资企业资产负债率 liability2/asset2 越高，投

资企业对被投资企业的持股份额 p% 越大，并入合并报表后资产负债率越高。从资产负债率的角度考虑，在其他条件一定的情况下，投资企业更愿意并入资产负债率低的被投资单位。值得注意的是，并表后合并报表的资产负债率大多数时候是升高的，资产负债率高的投资单位为避免资产负债率的进一步提高，更倾向于并入资产负债率低的被投资单位。

国有企业负责人的激励契约是在合并财务报表经营业绩的基础上开展的，因此国有企业具有提高合并财务报表业绩的显性要求（辛清泉和谭伟强，2009）。与非国有企业相比，国有企业更强调企业的会计绩效，其高管激励契约更注重绩效导向（姜付秀等，2014），这就使与非国有企业相比，国有企业的管理层在面对利润的上升与资产负债率的上升时会进行一定的权衡。虽然将被投资企业纳入合并范围会导致合并报表的资产负债率提高，但是将盈利的被投资企业纳入合并范围后，合并报表的资产规模、营业收入、利润总额、净利润等项目均会大幅度提升。在这种情况下，与非国有企业相比，国有企业更倾向于将资产负债率高的企业纳入合并范围以满足经营业绩的考核要求。

构建模型（4-10）以验证在其他条件不变的情况下，企业更倾向于将资产负债率低的企业纳入合并范围。在模型（4-7）的基础上，参考 Humphery-Jenner（2012）对资产增长指标（growa）、资本支出增长指标（growppe）、现金增长指标（growcash）进行控制。此外，还对企业做大动机（meanga）进行控制。

$$\begin{aligned} \text{consolidate}_{i,t} = {} & \gamma_0 + \gamma_1 \text{lev}\_02_{i,t} + \gamma_2 \text{soe}_{i,t} + \gamma_3 \text{eratio}_{i,t} + \gamma_4 \text{lna}\_p_{i,t} + \\ & \gamma_5 \text{current}\_p_{i,t} + \gamma_6 \text{grcpx}\_p_{i,t} + \gamma_7 \text{meanga}_{i,t} + \gamma_8 \text{growa}_{i,t} + \\ & \gamma_9 \text{growppe}_{i,t} + \gamma_{10} \text{growcash}_{i,t} + \gamma_{11} \text{big4}_{i,t} + \gamma_{12} \text{independence}_{i,t} + \\ & \gamma_{13} \text{dual}_{i,t} + \gamma_{14} \text{board}_{i,t} + \gamma_{15} \text{mshare}_{i,t} + \gamma_{16} \text{employee}_{i,t} + \\ & \sum \text{industry} + \sum \text{year} + \varphi_{it} \end{aligned} \qquad (4-10)$$

构建模型（4-11）以验证在其他条件不变的情况下，资产负债率高的企业更倾向于并入资产负债率低的企业。

$$\text{consolidate}_{i,t} = \gamma_0 + \gamma_1 \text{lev}\_02_{i,t} + \gamma_2 \text{lev}\_02_{i,t} \times \text{lev}\_p_{i,t} + \gamma_3 \text{lev}\_p_{i,t} + \gamma_4 \text{soe}_{i,t} +$$

$$\gamma_5 \text{eratio}_{i,t} + \gamma_6 \text{lna\_p}_{i,t} + \gamma_7 \text{current\_p}_{i,t} + \gamma_8 \text{grcpx\_p}_{i,t} +$$

$$\gamma_9 \text{meanga}_{i,t} + \gamma_{10} \text{growa}_{i,t} + \gamma_{11} \text{growppe}_{i,t} + \gamma_{12} \text{growcash}_{i,t} +$$

$$\gamma_{13} \text{big4}_{i,t} + \gamma_{14} \text{independence}_{i,t} + \gamma_{15} \text{dual}_{i,t} + \gamma_{16} \text{board}_{i,t} +$$

$$\gamma_{17} \text{mshare}_{i,t} + \gamma_{18} \text{employee}_{i,t} + \sum \text{industry} + \sum \text{year} + \varphi_{it}$$

$$(4-11)$$

构建模型（4-12）以验证与非国有企业相比，国有企业更倾向于并入资产负债率高的企业。

$$\text{consolidate}_{i,t} = \gamma_0 + \gamma_1 \text{lev\_02}_{i,t} + \gamma_2 \text{lev\_02}_{i,t} \times \text{soe}_{i,t} + \gamma_3 \text{soe}_{i,t} + \gamma_4 \text{eratio}_{i,t} +$$

$$\gamma_5 \text{lna\_p}_{i,t} + \gamma_6 \text{current\_p}_{i,t} + \gamma_7 \text{grcpx\_p}_{i,t} + \gamma_8 \text{meanga}_{i,t} +$$

$$\gamma_9 \text{growa}_{i,t} + \gamma_{10} \text{growppe}_{i,t} + \gamma_{11} \text{growcash}_{i,t} + \gamma_{12} \text{big4}_{i,t} +$$

$$\gamma_{13} \text{independence}_{i,t} + \gamma_{14} \text{dual}_{i,t} + \gamma_{15} \text{board}_{i,t} + \gamma_{16} \text{mshare}_{i,t} +$$

$$\gamma_{17} \text{employee}_{i,t} + \sum \text{industry} + \sum \text{year} + \varphi_{it} \qquad (4-12)$$

表4-9给出资产负债率与是否并表的回归结果。由列（1）可知，被投资单位的资产负债率（lev_02）与是否并表（consolidate）显著负相关，这表明在其他条件不变的情况下，企业更倾向于将资产负债率低的企业纳入合并范围。由列（2）可知，lev_02 × lev_p 与是否并表（consolidate）显著负相关，这表明在其他条件不变的情况下，资产负债率高的企业更倾向于并入资产负债率低的企业。由列（3）可知，lev_02 × soe 与是否并表（consolidate）显著正相关，这表明与非国有企业相比，国有企业更倾向于并入资产负债率高的企业。国有企业的管理层在面对合并报表利润上升与合并报表资产负债率上升的权衡时，更注重合并报表利润的上升。与非国有企业相比，国有企业隐藏负债的动机相对较低。

表4-9　资产负债率与是否并表

variables	consolidate		
	（1）	（2）	（3）
lev_02	-1.338**	3.762*	-12.418**
	（-2.017）	（1.783）	（-2.067）

续表

variables	consolidate		
	（1）	（2）	（3）
lev_02 × lev_p		−10.774 ***	
		（−2.622）	
lev_02 × soe			12.082 **
			（2.000）
lev_p		−1.557	
		（−0.315）	
soe	5.407 ***	5.363 ***	1.392
	（2.932）	（3.137）	（0.824）
eratio	0.038 ***	0.049 ***	0.029 **
	（3.052）	（3.525）	（2.522）
lna_p	−0.622	−0.840	−0.574
	（−1.318）	（−1.494）	（−1.202）
current_p	−0.265 *	−0.832 ***	0.045
	（−1.720）	（−2.932）	（0.223）
grcpx_p	−0.048 *	−0.039	−0.076
	（−1.719）	（−0.931）	（−1.622）
meanga	1.641 **	1.137	2.205 ***
	（2.377）	（1.513）	（2.732）
growa	−5.176	−9.102 *	−13.528 *
	（−1.402）	（−1.687）	（−1.807）
growppe	−0.498	0.546	2.854
	（−0.263）	（0.177）	（1.107）
growcash	2.393 ***	3.201 ***	3.921 ***
	（2.964）	（2.724）	（2.720）
big4	4.901 ***	4.617 **	4.928 **
	（2.758）	（2.535）	（2.440）
independence	0.286 **	0.244	0.432 ***
	（2.377）	（1.214）	（2.707）

续表

variables	consolidate		
	（1）	（2）	（3）
board	- 0. 176	- 0. 629	0. 046
	（ - 0. 465）	（ - 0. 953）	（0. 143）
dual	- 0. 647	- 1. 639	- 0. 989
	（ - 0. 406）	（ - 1. 362）	（ - 0. 819）
mshare	- 4. 165 *	- 3. 439 *	- 3. 734 *
	（ - 1. 752）	（ - 1. 736）	（ - 1. 697）
employee	- 0. 673 *	- 0. 179	- 0. 919 *
	（ - 1. 934）	（ - 0. 432）	（ - 1. 778）
constant	4. 289	12. 583	0. 651
	（0. 303）	（0. 547）	（0. 059）
year	yes	yes	yes
industry	yes	yes	yes
observations	751	751	751
Pseudo R^2	0. 666	0. 694	0. 701

注：括号中为经过 cluster 调整后的 t 值，***、**、*分别表示在 1%、5% 和 10% 水平上显著。

4.6.2 销售净利率与是否并表

由式（4 - 6）并入合并利润表后销售净利率 = ［netincome1 + netincome2 × （1 - p%）］÷［revenue1 + revenue2 - netincome2 × p%］可知，被投资企业的销售净利率越高，少数股东份额越高，即投资企业占被投资企业可辨认净资产的份额 p% 越小，并表后合并利润表的销售净利率越高。从销售净利率的角度考虑，在其他条件一定的情况下，投资企业更愿意并入销售净利率高的被投资单位。此外，在其他条件一定的情况下，为了提高合并利润表的销售净利率，销售净利率低的企业更愿意并入销售净利率高的被投资单位。

由资产负债率与是否并表的关系可知，国有企业更倾向于并入资产负债率高的企业。与非国有企业相比，国有企业隐藏负债的动机相对较低，这可能是由国有企业"以规模论英雄""喜大"的倾向比较明显所决定的（周华等，2018）。例如，《财富》世界500强排名以及我国企业500强的排名都是根据合并财务报表中营业收入确定的。国有企业可能出于提升合并报表营业收入的排名、做大企业规模的考虑，并入销售净利率低的被投资单位，即与非国有企业相比，国有企业更倾向于将销售净利率低的企业纳入合并范围。

构建模型（4-13）以验证在其他条件不变的情况下，企业更倾向于将销售净利率高的企业纳入合并范围。在模型（4-7）的基础上，参考 Humphery-Jenner（2012）对资产增长指标（growa）、资本支出增长指标（growppe）、现金增长指标（growcash）进行控制。此外，还对企业做大动机（meanga）进行控制。

$$
\begin{aligned}
consolidate_{i,t} =\ & \chi_0 + \chi_1 profit\_02_{i,t} + \chi_2 soe_{i,t} + \chi_3 eratio_{i,t} + \chi_4 lna\_p_{i,t} + \\
& \chi_5 current\_p_{i,t} + \chi_6 grcpx\_p_{i,t} + \chi_7 meanga_{i,t} + \chi_8 growa_{i,t} + \\
& \chi_9 growppe_{i,t} + \chi_{10} growcash_{i,t} + \chi_{11} big4_{i,t} + \chi_{12} independence_{i,t} + \\
& \chi_{13} dual_{i,t} + \chi_{14} board_{i,t} + \chi_{15} mshare_{i,t} + \chi_{16} employee_{i,t} + \\
& \sum industry + \sum year + \varphi_{it}
\end{aligned}
\tag{4-13}
$$

构建模型（4-14）以验证在其他条件不变的情况下，销售净利率低的企业更倾向于并入销售净利率高的企业。

$$
\begin{aligned}
consolidate_{i,t} =\ & \chi_0 + \chi_1 profit\_02_{i,t} + \chi_2 profit\_02_{i,t} \times profit\_p_{i,t} + \chi_3 profit\_p_{i,t} + \\
& \chi_4 soe_{i,t} + \chi_5 eratio_{i,t} + \chi_6 lna\_p_{i,t} + \chi_7 current\_p_{i,t} + \chi_8 grcpx\_p_{i,t} + \\
& \chi_9 meanga_{i,t} + \chi_{10} growa_{i,t} + \chi_{11} growppe_{i,t} + \chi_{12} growcash_{i,t} + \\
& \chi_{13} big4_{i,t} + \chi_{14} independence_{i,t} + \chi_{15} dual_{i,t} + \chi_{16} board_{i,t} + \\
& \chi_{17} mshare_{i,t} + \chi_{18} employee_{i,t} + \sum industry + \sum year + \varphi_{it}
\end{aligned}
\tag{4-14}
$$

构建模型（4-15）以验证与非国有企业相比，国有企业更倾向于并入销售净利率低的企业。

$$
consolidate_{i,t} = \chi_0 + \chi_1 profit\_02_{i,t} + \chi_2 profit\_02_{i,t} \times soe_{i,t} + \chi_3 soe_{i,t} + \chi_4 eratio_{i,t} +
$$

$$\chi_5 \text{lna\_} p_{i,t} + \chi_6 \text{current\_} p_{i,t} + \chi_7 \text{grcpx\_} p_{i,t} + \chi_8 \text{meanga}_{i,t} +$$

$$\chi_9 \text{growa}_{i,t} + \chi_{10} \text{growppe}_{i,t} + \chi_{11} \text{growcash}_{i,t} + \chi_{12} \text{big4}_{i,t} +$$

$$\chi_{13} \text{independence}_{i,t} + \chi_{14} \text{dual}_{i,t} + \chi_{15} \text{board}_{i,t} + \chi_{16} \text{mshare}_{i,t} +$$

$$\chi_{17} \text{employee}_{i,t} + \sum \text{industry} + \sum \text{year} + \varphi_{it} \qquad (4-15)$$

表 4-10 给出销售净利率与是否并表的回归结果。由列（1）可知，被投资单位的销售净利率（profit_02）与是否并表（consolidate）显著正相关，这表明在其他条件不变的情况下，企业更倾向于将销售净利率高的企业纳入合并范围。由列（2）可知，profit_02 × profit_p 与是否并表（consolidate）显著负相关，这表明在其他条件不变的情况下，销售净利率低的企业更倾向于并入销售净利率高的企业。由列（3）可知，profit_02 × soe 与是否并表（consolidate）显著负相关，这表明与非国有企业相比，国有企业更倾向于并入销售净利率低的企业，这可能是由国有企业"以规模论英雄""喜大"的倾向比较明显所决定的（周华等，2018）。国有企业可能出于提升合并报表营业收入的排名、做大企业规模的考虑，并入销售净利率低的被投资单位。此外，由列（1）至列（3）均可知，是否国有企业（soe）与是否并表（consolidate）均显著正相关，这表明国有企业更倾向于并表，国有企业比非国有企业更倾向于做大企业规模。

表 4-10 销售净利率与是否并表

variables	consolidate		
	（1）	（2）	（3）
profit_02	0.07 *	0.257 **	0.336 **
	(1.772)	(2.044)	(2.298)
profit_02 × profit_p		-0.039 *	
		(-1.840)	
profit_02 × soe			-0.304 **
			(-1.967)
profit_p		-0.283 **	
		(-2.067)	

variables	consolidate		
	(1)	(2)	(3)
soe	5.078***	5.226***	4.267**
	(2.756)	(2.897)	(2.505)
eratio	0.042***	0.026**	0.041***
	(3.171)	(2.196)	(3.022)
lna_p	-0.516	-0.515	-0.332
	(-1.025)	(-0.889)	(-0.706)
current_p	-0.058	0.253	0.641
	(-0.296)	(0.749)	(1.298)
grcpx_p	-0.039	-0.053*	-0.039
	(-1.595)	(-1.720)	(-1.577)
meanga	1.705**	2.554***	2.262***
	(2.529)	(2.916)	(2.635)
growa	-4.005	-1.992	-6.122
	(-1.093)	(-0.550)	(-1.489)
growppe	-1.003	-1.363	-0.131
	(-0.505)	(-0.693)	(-0.065)
growcash	2.237***	1.489***	2.017***
	(2.983)	(2.878)	(2.577)
big4	4.758**	5.774**	4.800**
	(2.553)	(2.348)	(2.407)
independence	0.265**	0.438***	0.289**
	(2.381)	(2.658)	(2.539)
board	-0.164	0.174	-0.188
	(-0.410)	(0.423)	(-0.446)
dual	-0.665	-0.629	-1.111
	(-0.435)	(-0.448)	(-0.742)
mshare	-3.728	-7.213**	-4.013*
	(-1.613)	(-2.141)	(-1.784)
employee	-0.735**	-1.362***	-0.784**
	(-2.119)	(-2.601)	(-2.113)

variables	consolidate		
	（1）	（2）	（3）
constant	2.041	-2.383	-2.686
	(0.140)	(-0.148)	(-0.189)
year	yes	yes	yes
industry	yes	yes	yes
observations	751	744	751
Pseudo R^2	0.665	0.694	0.673

注：括号中为经过 cluster 调整后的 t 值，＊＊＊、＊＊、＊分别表示在 1%、5% 和 10% 水平上显著。

4.7 本章小结

本章以 2007～2017 年母公司报表中长期股权投资项目的附注中披露的所有被投资单位为研究样本，研究以控制标准确定并表范围的会计处理准则下是否存在合并报表并表范围操控的问题，剖析了以控制标准确定并表范围的会计处理准则对企业管理层行为的影响，回答了什么样的投资企业会倾向于将被投资企业并入表内，以及投资企业会倾向于将什么样的被投资企业并入表内的问题，并提供了可信的检验证据。

研究结果表明，在其他条件一定的情况下，有做大动机的企业更倾向于将被投资企业纳入合并范围；在其他条件一定的情况下，有做大动机的企业更倾向于将少数股东持股比例高的被投资企业纳入合并范围；与非国有企业相比，有做大动机的国有企业更倾向于将被投资企业纳入合并范围。进一步分析表明，在其他条件不变的情况下，企业更倾向于将资产负债率低的企业纳入合并范围；资产负债率高的企业更倾向于并入资产负债率低的企业；与非国有企业相比，国有企业更倾向于并入资产负债率高的企业。在其他条件不变的情况下，企业更倾向于将销售净利率高的企业纳入合并范围；销售净利率低的企业更倾向于并入销售净利率高的企业；与非国有企业相比，国有企业更倾向于并入销售净利率低的企业。且与非国有企业相比，国有企业更倾向于并表。

在以控制标准确定并表范围的会计处理规则下，企业管理层可以通过操控并表范围以实现自身利益最大化。由于国有企业具有提高公司业绩的显性要求，这种情况在国有企业中更为显著。此外，与非国有企业相比，国有企业的做大动机相对较强，隐藏负债的动机相对较弱。

5　合并报表放大效应与高管薪酬

5.1　引言

本章主要研究合并报表放大效应的经济后果，具体研究合并报表放大效应对高管薪酬的影响。已有研究表明，管理层薪酬契约旨在促使管理层努力为企业所有者工作，是一种减少代理冲突的重要治理机制（Fama & Jensen，1983；Jensen & Meckling，1976）。因为很难直接观测到管理层的努力程度和投入程度，所以企业就通过观察管理层的产出来替代（Holmstrom，1982）。已有研究发现，高管薪酬会受到企业会计业绩的影响，这就支持了高层管理人员薪酬合约的有效性（Core et al.，1999；Jensen & Murphy，1990）。CAS33（2014）规定，应当以控制为基础确定企业合并财务报表的并表范围。也就是说，母公司应将其控制的子公司纳入合并范围，编制合并财务报表，用以反映由母公司及其所有子公司组成的整个企业集团的经营成果、财务状况与现金流量。从 CAS33（2014）的实践来看，现行合并报表会计准则虽然可以反映母公司及其所有子公司组成的企业集团的整体经营成果、财务状况和现金流量，但是现行合并报表会计准则下企业的资产规模、收入规模和利润规模被放大后，是否会影响企业高管的薪酬？企业高管是否会利用合并报表会计准则谋取个人私利，利用合并报表放大效应提升自身薪酬？其作用机理又是什么？

5.2 理论推导与研究假设

对民营企业来说，利润始终决定着高管薪酬的变化（刘浩等，2014），民营企业高管薪酬与会计利润有着紧密的联系（Firth et al.，2007；方军雄，2009）。此外，民营企业在受到产权歧视时可以通过扩大收入规模来获得政府支持与信贷支持（李增泉等，2008；周黎安，2007）。合并报表放大效应越高，企业的会计利润、收入规模被放大得越多，管理层薪酬受会计利润、收入等项目的正向影响，从而使管理层薪酬越高。

对国有企业来说，国资委对国有企业考核的重要目标包括做大与做强两个（高粱，2012）。根据2003年国资委出台的《中央企业负责人经营业绩考核暂行办法》，中央企业负责人的奖惩应基于经营业绩考核结果展开。虽然后续中央企业负责人经营业绩考核办法经过了2006年、2009年、2012年、2016年、2019年等多次修订，但是央企负责人的经营业绩考核均与合并报表利润总额或净利润挂钩。例如，《中央企业负责人经营业绩考核暂行办法（2003）》规定，年度净资产收益率与利润总额两个指标为中央企业负责人经营业绩考核的基本指标。中央企业负责人考核所依据的利润总额为合并财务报表中的利润总额加上本期应承担的以前年度亏损后的金额。此外，中央企业负责人的经营业绩考核年度综合分数＝净资产收益率指标得分×经营难度系数＋利润总额指标得分×经营难度系数＋分类指标得分×经营难度系数，其中经营难度系数根据企业净资产、资产总额、营业（销售）收入、利润总额、职工平均人数、离退休人员占职工人数的比重等因素加权计算，分类确定。中央企业负责人的奖惩与年度经营业绩考核结果挂钩。2006年12月30日国资委颁布的《中央企业负责人经营业绩考核暂行办法》规定，年度净资产收益率与利润总额指标为中央企业负责人经营业绩考核的两个基本指标。中央企业负责人考核所依据的利润总额为合并财务报表中的利润总额加上本期应承担的以前年度亏损扣除非经常性收益后的金额。如果企业上年年度利润总额实际完成值和目标值的平均值大于企业当年年度利润总额目标值，原则上企业最终考核结果不得进入最高级别 A 级。对于上年利润总额大于当年利润总额的企业，企业考核结果无论处于什么级别，其负责人的绩效薪酬倍数均应比上年低。国资委于 2016 年 12 月 8 日颁布的《中央企业负责人经营业绩考核办法》指出，中央企业负责人工资总额预算与利润总额目标值结合；考核计分、结果评级与企业年度经济增加值、利润总额指标目标值挂钩。国资委于 2019 年 3 月 7 日发布的《中央企业负责人经营业绩考核办法》指出，中央企业负责人工资总额预算与净利润等经济效益指标的目标值结合，工资预算水平由目标值先进程度来确定；考核计分、结果评级与企业年度经济增加值、净利润指标目标值挂钩。与 2016 年颁布的中央企业负责人考核办法相比，2019 年的中央企业负责人考核办法的变化为：在年度考核基本指标中用净利润替换利润总额，但依然依据合并财务报表净利润数据。当合并报表放大效应越高时，企业的合并报表资产总额、营业收入、利润总额等项目被放大得越多，管理层薪酬受合并报表资产总额、营业收入、利润总额等项目的正向影响，从而使管理层薪酬越高。基于此，提出假设：

H1：在其他条件一定的情况下，公司的合并报表放大效应越大，管理层薪酬越高。

5.3 合并报表放大效应指标构建

合并报表数据与母公司报表数据的差异最直观地体现了合并报表放大效应，因此，我们对 2007~2018 年合并报表净利润、利润总额、总资产、资产负债率与母公司报表净利润、利润总额、总资产、资产负债率的差异进行统计对比（见图 5-1 至图 5-4）。

由图 5-1 可知，2007~2018 年合并报表净利润始终高于母公司报表净利润，且两者差异呈增大趋势。2008 年合并报表净利润与母公司报表净利润差异最小，

（亿元）

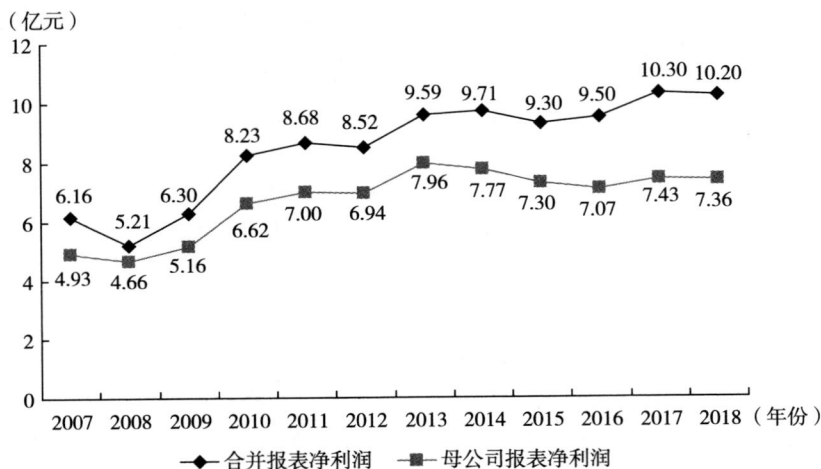

图 5-1 合并报表与母公司报表净利润对比

（亿元）

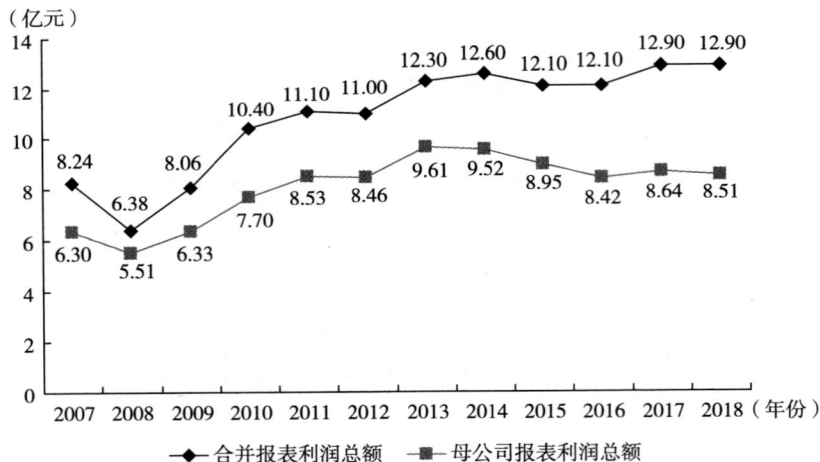

图 5-2 合并报表与母公司报表利润总额对比

为 0.55 亿元；2017 年合并报表净利润与母公司报表净利润差异最大，为 2.87 亿元。此外，由企业合并导致的合并报表年度平均净利润呈上升趋势，这说明无论是 CAS33（2006）还是 CAS33（2014）的实施，企业都有很大的操控空间。此时，若依据合并报表净利润进行决策，很可能误判集团公司和母公司真实的净利润水平。

由图 5 - 2 可知，2007～2018 年合并报表利润总额、母公司报表利润总额呈上升趋势，利润总额变化趋势与净利润变化趋势一致。合并报表利润总额始终高于母公司报表利润总额，且两者差异呈增大趋势。2008 年合并报表利润总额与母公司报表利润总额差异最小，为 0.87 亿元；2018 年合并报表利润总额与母公司报表利润总额差异最大，为 4.39 亿元，这说明无论是 CAS33（2006）还是 CAS33（2014）的实施，都给企业提供了很大的操控空间。此时，若依据合并报表利润总额进行决策，很可能误判集团公司和母公司真实的利润总额水平。

（亿元）

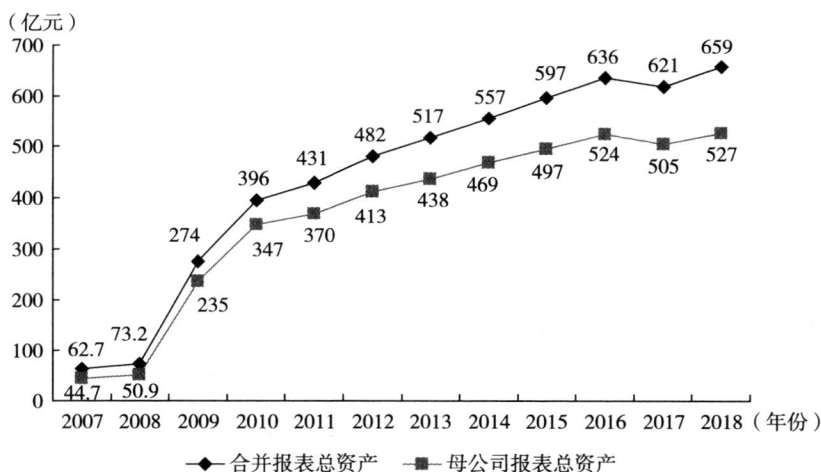

图 5 - 3　合并报表与母公司报表总资产对比

由图 5 - 3 可知，2007～2018 年合并报表总资产、母公司报表总资产整体上呈上升趋势。合并报表总资产始终高于母公司报表总资产，且两者差异呈增大趋势。2007 年合并报表总资产与母公司报表总资产差异最小，为 18 亿元；2018 年合并报表总资产与母公司报表总资产差异最大，为 132 亿元，这说明无论是

CAS33 （2006） 还是 CAS33 （2014） 的实施，都给企业提供了很大的操控空间。此时，若依据合并报表总资产进行决策，很可能误判集团公司和母公司真实的企业规模。

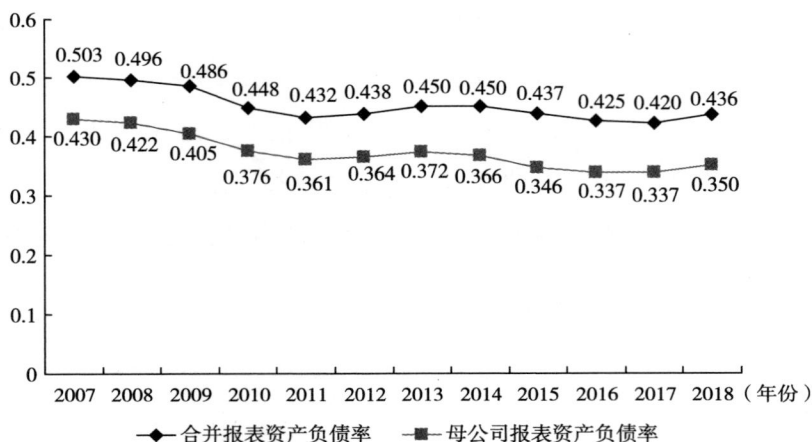

图 5 –4　合并报表与母公司报表资产负债率对比

由图 5 –4 可知，2007～2018 年合并报表资产负债率、母公司报表资产负债率整体上呈下降趋势，合并报表资产负债率始终高于母公司报表资产负债率。2011 年合并报表资产负债率与母公司报表资产负债率差异最小，为7.1%；2015年合并报表资产负债率与母公司报表资产负债率差异最大，为9.1%，这说明无论是 CAS33 （2006） 还是 CAS33 （2014） 的实施，都给企业提供了很大的操控空间。此时，若依据合并报表资产负债率进行决策，很可能误判集团公司和母公司真实的风险水平。

（1）合并报表放大率。合并报表放大效应可以通过合并报表放大率来衡量。合并报表放大率为少数股东权益与合并报表所有者权益总额的比值，该指标反映了集团公司的所有者权益中属于少数股东的份额。该指标越大，表明合并报表放大效应越大。图 5 –5 给出 2007～2018 年所有上市公司年均合并报表放大率的趋

势。2007~2008 年全体上市公司合并报表放大率呈上升趋势,2008~2015 年全
体上市公司合并报表放大率呈下降趋势,2015~2018 年全体上市公司合并报表
放大率呈缓慢上升趋势。

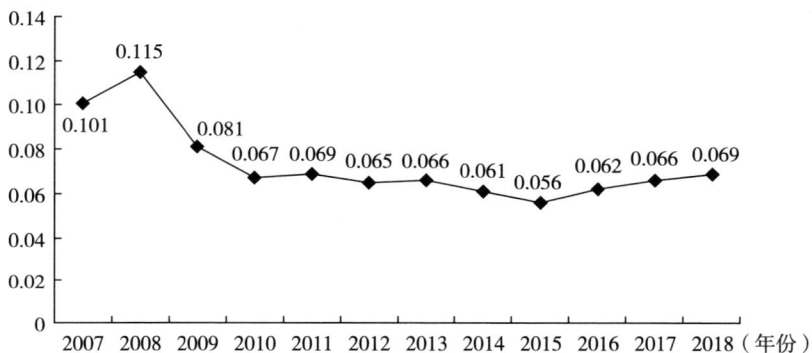

图 5-5 年均合并报表放大率趋势

(2)净利润放大率。净利润放大率为合并报表净利润与母公司报表净利润
的差额同母公司报表净利润的比值,该指标反映了相较母公司报表净利润,合
并报表对净利润的放大程度。该指标越大,表明合并报表对净利润的放大程度
越大。图 5-6 给出 2007~2018 年所有上市公司年均净利润放大率的变化
趋势。

(3)利润总额放大率。利润总额放大率通过合并利润总额与母公司利润总
额的差额比母公司利润总额计算得到,该指标反映了相比于母公司报表利润总
额,合并报表对利润总额的放大程度。该指标越大,表明合并报表对利润总额的
放大程度越大。图 5-7 给出 2007~2018 年所有上市公司年均利润总额放大率的
变化趋势。

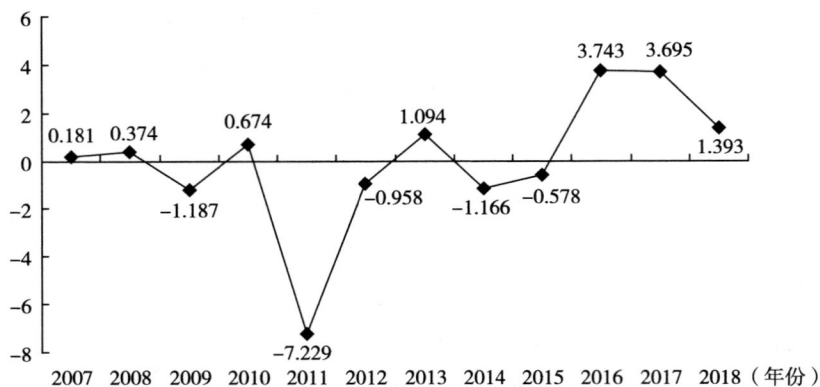

图 5-6 年均净利润放大率趋势

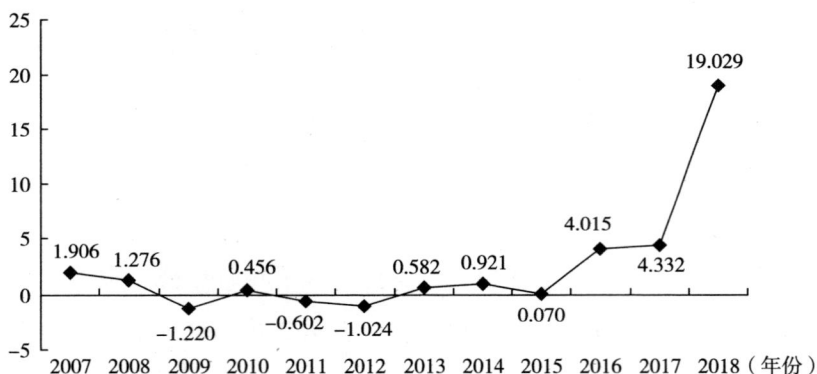

图 5-7 年均利润总额放大率趋势

（4）总资产放大率。总资产放大率为合并报表总资产与母公司报表总资产的差额同母公司报表总资产的比值，该指标反映了相比于母公司报表总资产，合并报表对总资产的放大程度。该指标越大，表明合并报表对总资产的放大程度越大。图 5-8 给出 2007~2018 年所有上市公司年均总资产放大率的变化趋势。

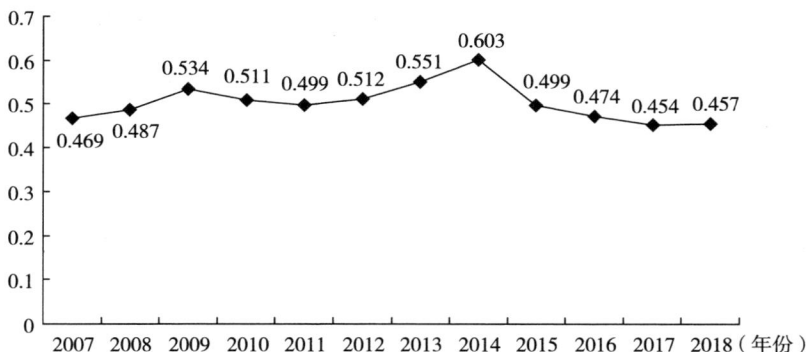

图 5-8　年均总资产放大率趋势

5.4　研究设计

（1）样本选择。与第 4 章合并报表并表范围操控的样本选择一致，检验合并报表放大率是否使高管薪酬提高。样本区间为 2007～2017 年。2006 年 2 月 15 日财政部发布了包括 38 项具体会计准则与一项基本会计准则的新会计准则体系。因此，样本区间以全面实施新会计准则的 2007 年开始。此外，各相关变量数据均来源于 CSMAR 数据库，对连续变量进行 1% 的缩尾（Winsorize）处理。

（2）回归模型与变量定义。为了验证高管薪酬的增长是否与合并报表放大效应有关，我们借鉴 Bugeja 等（2012），Grinstein 和 Hribar（2004），Coakley 和 Iliopoulou（2006），马连福等（2013）的做法，采用以下模型检验假设 1：

$$salary_{i,t} = \lambda_0 + \lambda_1 magnification1_{i,t} + \lambda_2 lna\_p_{i,t} + \lambda_3 lev_{i,t} + \lambda_4 roa_{i,t} + \lambda_5 growa_{i,t} +$$
$$\lambda_6 top1_{i,t} + \lambda_7 independence_{i,t} + \lambda_8 party_{i,t} + \lambda_9 listage_{i,t} + \lambda_{10} mshare1_{i,t} +$$
$$\lambda_{11} soe_{i,t} + \lambda_{12} zone_{i,t} + \sum industry + \sum year + \varphi_{it} \qquad (5-1)$$

参考魏刚（2000）、雷光勇等（2010）和马连福等（2013）等文献的做法，因变量高管薪酬（salary）通过两种方式进行度量：salary1 为高管前三名薪酬总额的自然对数；salary2 为董事、监事及高管前三名薪酬总额的自然对数。关键测试变量合并报表放大率（magnification1）为合并报表少数股东权益比合并报表权益总额，magnification1 越大，表明合并报表放大效应越大。根据假设 1，预期 magnification1 与 salary 显著正相关。控制变量的选取主要参考蔡贵龙等（2018）、马连福等（2013）、Grinstein 和 Hribar（2004）等文献。首先，在公司基本特征方面控制了投资企业规模（lna_p）、投资企业资产负债率（lev）、总资产净利润率（roa）、资产增长率（growa）、公司上市年限（listage）、是否国有企业（soe）、公司是否位于东部沿海地区（zone）7 个变量。陈震和丁忠明（2011）的研究表明，企业规模和资产负债率是影响高管薪酬的重要因素，企业规模和资产负债率均会正向影响高管薪酬。较好的业绩表现、较高的公司成长性会使企业高管获得更高的薪酬（蔡贵龙等，2018）。通过公司上市年限反映的企业成熟度会影响企业的高管薪酬（刘浩等，2014）。国有企业和非国有企业的高管薪酬激励机制存在重要差异（Firth et al.，2006；刘慧龙，2017）。与其他地区相比，位于东部沿海地区的公司高管薪酬相对较高（马连福等，2013；辛清泉等，2007）。其次，在公司治理结构方面对第一大股东持股比率（top1）、独立董事比例（independence）、管理层持股（mshare1）3 个变量进行了控制。已有研究表明，"一股独大"、独立董事比例、高管持股等不同公司治理特征均会影响高管薪酬（蔡贵龙等，2018；刘浩等，2014）。再次，马连福等（2013）研究表明，董事长的政治身份会影响企业的高管薪酬，因此对董事长是否党员（party）进行控制。各变量的具体定义如表 5-1 所示。最后，在模型中还对年度（year）与行业（industry）固定效应进行了控制。

表 5-1　变量定义

变量	符号	变量定义
高管薪酬	salary1	高管前三名薪酬总额的自然对数，参考马连福等（2013）
高管薪酬	salary2	董事、监事及高管前三名薪酬总额的自然对数，参考马连福等（2013）

续表

变量	符号	变量定义
合并报表放大率	magnification1	合并报表少数股东权益比合并报表权益总额
企业规模	lna_p	投资企业母公司报表资产总额的自然对数
资产负债率	lev	合并资产负债表负债总额比资产总额
总资产净利润率	roa	合并报表净利润比总资产
资产增长率	growa	ln（下期资产总额÷当期资产总额），参考 Humphery – Jenner（2012）
股权结构	top1	第一大股东持股比例（%）
独董比例	independence	独立董事人数÷董事人数（%）
党员身份	party	董事长是否党员，若董事长为党员，取值为1，否则为0
上市年限	listage	公司上市的年数
管理层持股	mshare1	管理层持股数量（董事、监事及高管持股数量）比总股数
企业性质	soe	国有企业取值为1，否则为0
东部沿海地区	zone	若公司位于东部沿海地区（北京市、天津市、河北省、辽宁省、上海市、江苏省、浙江省、福建省、山东省、广东省、海南省），取值为1，否则为0，参考李政和杨思莹（2018）
净利润放大率	magnification2	（合并报表净利润－母公司报表净利润）÷母公司报表净利润
利润总额放大率	magnification3	（合并报表利润总额－母公司报表利润总额）÷母公司报表利润总额
少数股东资产	lna_m	少数股东比例对应的总资产，（少数股东权益÷权益总额）×合并报表总资产
少数股东收入	lntor_m	少数股东比例对应的总收入，（少数股东损益÷合并报表净利润）×合并报表总收入
母公司总收入	lntor_p	去掉少数股东影响的总收入，投资企业母公司报表总收入的自然对数
高管超额薪酬	exsalary	参考 Cai 和 Walkling（2011）、Fang 等（2018），如下模型的残差为高管超额薪酬。$COMP_{i,t} = \lambda_0 + \lambda_1 RET_{i,t-1,t-3} + \lambda_2 ROA_{i,t-1} + \lambda_3 LEV_{i,t-1} + \lambda_4 MARKETCAP_{i,t-1} + \lambda_5 BTM_{i,t-1} + \sum YEAR + \sum INDUSTRY + \varepsilon_{it}$，其中 COMP 为公司前三位高管现金薪酬的对数；RET 为公司过去三年的累计股票收益率；ROA 为公司资产收益率；LEV 为公司资产负债率；MARKETCAP 为公司权益市场价值的对数；BTM 为公司资产账面价值比公司市场价值

变量	符号	变量定义
在职消费	perks	在职消费总额（差旅费、办公费、通信费、业务招待费、董事会费、出国培训费、会议费与小车费）比公司市值
其他应收款	orec	其他应收款比公司市值
经营现金流	cfo	公司经营活动现金流量净额与总资产的比值
两职兼任	dual	董事长与总经理兼任为1，否则为0
董事会规模	board	董事人数
股利支付	dividend	公司支付现金股利取值为1，否则为0
资本支出	cpx	购建固定资产、无形资产和其他长期资产支付的现金比合并报表总资产
管理层持股	mshare2	管理层持股数量（高级管理人员持股数量）比总股数

5.5　样本描述和实证结果

5.5.1　描述性统计

表5-2给出模型（5-1）各变量的描述性统计结果。由表5-2可知，样本期内企业高管薪酬（salary1、salary2）的均值分别为14.172和14.250，标准差分别为0.660和0.672，表明我国上市公司间高管薪酬存在较大差异。合并报表放大率magnification1均值为0.122，中位数为0.089，最小值为-0.22，最大值为0.691，表明我国上市公司间合并报表放大率存在较大差异。投资企业的资产负债率（lev）均值为0.540，中位数为0.544，最小值为0.138，最大值为0.974，表明投资企业的资产负债率相差较大。股权结构方面，第一大股东持股比例（top1）均值为39.347%，最大值为73.997%，表明我国上市公司中"一股独大"的情况比较普遍。董事长政治身份方面，董事长是否党员（party）的均值为0.572，表明从平均值来看57.2%的董事长为党员。公司上市年限

（listage）的均值为 12.051，最小值为 1，最大值为 21，表明样本观测值的平均上市年限大约在 12 年，上市年限最小为 1 年，最大为 21 年。是否国有企业（soe）的均值为 0.838，表明 83.8% 的样本观测值为国有企业。是否位于东部沿海地区（zone）的均值为 0.732，表明 73.2% 的样本观测值位于东部沿海地区。

表 5-2　主要变量描述性统计

变量	观测值	均值	最小值	中位数	最大值	标准差
salary1	946	14.172	12.388	14.160	15.951	0.660
salary2	946	14.250	12.460	14.261	16.243	0.672
magnification1	946	0.122	−0.220	0.089	0.691	0.131
lna_p	946	22.813	19.808	22.521	26.665	1.617
lev	946	0.540	0.138	0.544	0.974	0.195
roa	946	0.031	−0.253	0.037	0.179	0.063
growa	946	0.105	−0.446	0.085	0.844	0.202
top1 （%）	946	39.347	8.940	40.378	73.997	14.601
independence （%）	946	37.294	33.333	33.333	66.667	6.707
party	946	0.572	0.000	1.000	1.000	0.495
listage	946	12.051	1.000	13.000	21.000	5.496
mshare1	946	0.017	0.000	0.000	0.568	0.084
soe	946	0.838	0.000	1.000	1.000	0.368
zone	946	0.732	0.000	1.000	1.000	0.443

注：连续变量已在 1 和 99 分位数缩尾。

5.5.2　相关系数分析

表 5-3 给出模型中主要变量的相关系数，其中左下角为 pearson 相关系数，右上角为 spearman 相关系数。从 pearson 相关系数和 spearman 相关系数来看，合并报表放大率（magnification1）与高管薪酬（salary1、salary2）均显著正相关，这说明公司合并报表放大效应正向影响管理层薪酬，公司合并报表放大效应越大，管理层薪酬越高。lna_p 与 salary1、salary2 显著正相关，表明投资企业规模

表5-3 相关系数

variables	1	2	3	4	5	6	7	8	9	10	11	12	13	14
salary1	1													
salary2	0.970***	1												
magnification1	0.178***	0.145***	1											
lna_p	0.613***	0.584***	0.173***	1										
lev	0.045	0.043	0.230***	0.205***	1									
roa	0.257***	0.257***	-0.02	0.152***	-0.426***	1								
growa	0.195***	0.203***	-0.056*	0.096*	-0.026	0.337***	1							
top1	0.148***	0.095***	0.135***	0.425***	-0.036	0.062**	-0.046	1						
independence	0.123***	0.113***	0.044	0.303***	0.163***	0.004	0.070**	0.096***	1					
party	0.088***	0.042	0.191***	0.339***	0.099***	-0.04	-0.136***	0.322***	0.147***	1				
listage	-0.110***	-0.124***	0.083***	-0.139***	0.007	-0.128***	-0.228***	-0.166***	-0.137***	0.049	1			
mshare1	-0.045	-0.009	-0.122***	-0.194***	-0.201***	0.033	-0.023	-0.068**	-0.038	-0.233***	-0.330***	1		
soe	0.013	-0.045	0.079**	0.180***	0.069**	-0.108**	-0.055	0.355***	0.043	0.508***	0.180***	-0.438***	1	
zone	0.298***	0.287***	0.060*	0.261***	-0.141***	0.025	-0.05	0.288***	0.089***	0.04	-0.053	0.072**	-0.078**	1

注：连续变量已在 1 和 99 分位数缩尾，***、**、*分别表示在 1%、5%和 10%水平上显著。

越大，高管薪酬越高，这与陈震和丁忠明（2011）的研究结果一致。总资产净利润率（roa）与高管薪酬（salary1、salary2）均显著正相关，表明企业较好的业绩表现正向影响高管薪酬。资产增长率（growa）与高管薪酬（salary1、salary2）均显著正相关，表明企业较高的公司成长性正向影响高管薪酬，这与蔡贵龙等（2018）的研究结果一致。公司是否位于东部沿海地区（zone）与高管薪酬（salary1、salary2）均显著正相关，表明公司位于经济发达的东部沿海地区，高管薪酬相对较高，这与马连福等（2013）、辛清泉等（2007）的研究结果一致。

5.5.3 假设检验

表5-4给出模型（5-1）的OLS回归结果，检验企业合并报表放大效应对高管薪酬的影响。由列（1）可知，magnification1与salary1在1%水平上显著正相关，这表明在其他条件一定的情况下，公司的放大效应越大，高管薪酬越高，假设1得到证明。由列（2）可知，magnification1与salary2在1%水平上显著正相关，这表明在其他条件一定的情况下，公司的放大效应越大，董事、监事和高管的薪酬越高，支持了假设1。合并报表放大效应越大，企业的会计利润、收入规模、资产规模等被放大得越多，管理层薪酬受会计利润、收入、资产等项目的正向影响，从而使管理层薪酬越高。此外，投资企业规模（lna_p）与高管薪酬（salary1、salary2）均显著正相关，表明企业规模正向影响高管薪酬，这与陈震和丁忠明（2011）的研究结果一致。总资产净利润率（roa）与高管薪酬（salary1、salary2）均显著正相关，表明企业较好的业绩表现正向影响高管薪酬，这与蔡贵龙等（2018）的研究结果一致。

表5-4 合并报表放大效应与高管薪酬

variables	salary1	salary2
	（1）	（2）
magnification1	0.853 ***	0.823 ***
	(3.096)	(2.721)

续表

variables	salary1	salary2
	(1)	(2)
lna_p	0.248***	0.256***
	(7.060)	(6.959)
lev	-0.075	-0.121
	(-0.280)	(-0.414)
roa	1.245**	1.315**
	(1.978)	(1.988)
growa	-0.186	-0.179
	(-1.400)	(-1.211)
top1	-0.004	-0.005
	(-1.212)	(-1.494)
independence	-0.007	-0.008
	(-1.090)	(-1.342)
party	0.026	0.007
	(0.283)	(0.070)
listage	-0.005	-0.006
	(-0.503)	(-0.619)
mshare1	0.628	0.655
	(1.444)	(1.482)
soe	0.071	-0.002
	(0.462)	(-0.013)
zone	0.199*	0.156
	(1.895)	(1.348)
constant	8.924***	8.903***
	(10.150)	(9.610)
year	yes	yes
industry	yes	yes
observations	946	946
Adjust R^2	0.643	0.612

注：括号中为经过 cluster 调整后的 t 值，***、**、*分别表示在1%、5%和10%水平上显著。

5.6 稳健性检验

5.6.1 改变合并报表放大率度量方式：净利润放大率和利润总额放大率

为增强研究结论的稳健性，我们尝试改变合并报表放大率的衡量方式，进一步研究合并报表放大效应对高管薪酬的影响。具体做法是：引入 magnification2［（合并报表净利润－母公司报表利润）÷母公司报表净利润］衡量净利润放大率，引入 magnification3［（合并报表利润总额－母公司报表利润总额）÷母公司报表利润总额］衡量利润总额放大率。较好的业绩表现会使企业高管获得更高的薪酬（蔡贵龙等，2018），因此通过净利润放大率和利润总额放大率来衡量合并报表放大率。净利润放大率、利润总额放大率越大，表明合并报表放大效应越大。

表 5－5 给出净利润放大率、利润总额放大率与高管薪酬的 OLS 回归结果。由列（1）可知，magnification2 与 salary1 在 1% 水平上显著正相关，这表明净利润放大率正向影响高管薪酬，公司的合并报表放大效应越大，管理层薪酬越高，再次支持假设 1。由列（2）可知，magnification3 与 salary1 在 1% 水平上显著正相关，这表明利润总额放大率正向影响高管薪酬，公司的合并报表放大效应越大，管理层薪酬越高，再次验证假设 1。由列（3）可知，magnification2 与 salary2 在 1% 水平上显著正相关，这表明净利润放大率正向影响董事、监事和高管薪酬，公司的合并报表放大效应越大，管理层薪酬越高，再次佐证假设 1。由列（4）可知，magnification3 与 salary2 在 1% 水平上显著正相关，这表明利润总额放大率正向影响董事、监事和高管薪酬，公司的合并报表放大效应越大，管理层薪酬越高，再次证明假设 1。此外，由列（1）至列（4）可知，投资企业规模（lna_p）与高管薪酬（salary1、salary2）均显著正相关，表明企业规模正向影响高管薪酬，这与陈震和丁忠明（2011）的研究结果一致。总资产净利润率（roa）与高管薪酬（salary1、salary2）均显著正相关，表明企业较好的业绩表现正向影

响高管薪酬，这与蔡贵龙等（2018）的研究结果一致。

表5-5　合并报表放大效应与高管薪酬：净利润放大率和利润总额放大率

variables	salary1	salary1	salary2	salary2
	（1）	（2）	（3）	（4）
magnification2	0.013 ***		0.013 ***	
	（3.079）		（2.794）	
magnification3		0.011 ***		0.011 ***
		（2.902）		（2.694）
lna_p	0.245 ***	0.245 ***	0.253 ***	0.253 ***
	（6.868）	（6.873）	（6.824）	（6.836）
lev	0.197	0.188	0.143	0.133
	（0.703）	（0.674）	（0.482）	（0.452）
roa	1.414 **	1.369 **	1.478 **	1.435 **
	（2.132）	（2.062）	（2.122）	（2.058）
growa	-0.187	-0.193	-0.180	-0.186
	（-1.332）	（-1.372）	（-1.166）	（-1.204）
top1	-0.004	-0.004	-0.005	-0.005
	（-1.119）	（-1.131）	（-1.413）	（-1.423）
independence	-0.007	-0.006	-0.008	-0.008
	（-1.106）	（-1.076）	（-1.367）	（-1.339）
party	0.053	0.055	0.033	0.034
	（0.547）	（0.562）	（0.329）	（0.338）
listage	-0.006	-0.006	-0.007	-0.007
	（-0.582）	（-0.621）	（-0.697）	（-0.732）
mshare1	0.576	0.567	0.604	0.596
	（1.393）	（1.370）	（1.441）	（1.423）
soe	0.052	0.048	-0.020	-0.024
	（0.335）	（0.313）	（-0.124）	（-0.145）
zone	0.225 **	0.224 **	0.182	0.180
	（2.099）	（2.093）	（1.553）	（1.545）
constant	8.866 ***	8.867 ***	8.846 ***	8.848 ***
	（9.486）	（9.496）	（9.028）	（9.042）

variables	salary1	salary1	salary2	salary2
	（1）	（2）	（3）	（4）
year	yes	yes	yes	yes
industry	yes	yes	yes	yes
observations	946	946	946	946
Adjust R^2	0.632	0.632	0.602	0.602

注：括号中为经过 cluster 调整后的 t 值，＊＊＊、＊＊、＊分别表示在1%、5%和10%水平上显著。

5.6.2 改变合并报表放大率度量方式：少数股东比例资产和收入

为增强结论的稳健性，改变合并报表放大率的衡量方式，通过少数股东比例对应的总资产（lna_m）[（少数股东权益÷权益总额）×合并报表总资产]和少数股东比例对应的总收入（lntor_m）[（少数股东损益÷合并报表净利润）×合并报表总收入]衡量合并报表放大效应。少数股东比例对应的总资产（lna_m）和少数股东比例对应的总收入（lntor_m）数值越大，表示合并报表放大效应越大。高管薪酬会受到企业规模和收入规模的影响（陈震和丁忠明，2011；蔡贵龙等，2018），因此，通过少数股东比例对应的总资产（lna_m）和少数股东比例对应的总收入（lntor_m）来表示合并报表放大效应。

表5－6给出少数股东比例对应的总资产和少数股东比例对应的总收入与高管薪酬的 OLS 回归结果。由列（1）可知，在控制去掉少数股东影响的总资产（lna_p）的情况下，lna_m 与 salary1 在5%水平上显著正相关，这表明少数股东比例对应的总资产正向影响高管薪酬，公司的合并报表放大效应越大，管理层薪酬越高，再次支持假设1。由列（2）可知，在控制去掉少数股东影响的总收入（lntor_p）的情况下，lntor_m 与 salary1 在10%水平上显著正相关，这表明少数股东比例对应的总收入正向影响高管薪酬，公司的合并报表放大效应越大，管理层薪酬越高，再次验证假设1。由列（3）可知，在控制去掉少数股东影响的总资产（lna_p）的情况下，lna_m 与 salary2 在5%水平上显著正相关，这表明少

数股东比例对应的总资产正向影响董事、监事和高管薪酬，公司的合并报表放大效应越大，管理层薪酬越高，再次佐证假设1。由列（4）可知，在控制去掉少数股东影响的总收入（lntor_p）的情况下，lntor_m 与 salary2 在10%水平上显著正相关，这表明少数股东比例对应的总收入正向影响董事、监事和高管薪酬，公司的合并报表放大效应越大，管理层薪酬越高，再次证明假设1。此外，去掉少数股东影响的总资产（lna_p）与高管薪酬（salary1、salary2）均显著正相关，去掉少数股东影响的总收入（lntor_p）与高管薪酬（salary1、salary2）均显著正相关，表明在其他条件一定的情况下，投资企业的资产规模和收入规模均正向影响高管薪酬。

表5－6　合并报表放大效应与高管薪酬：少数股东比例对应的资产和总收入

variables	salary1	salary1	salary2	salary2
	（1）	（2）	（3）	（4）
lna_m	0.060 **		0.054 **	
	（2.434）		（1.985）	
lntor_m		0.027 *		0.023 *
		（1.915）		（1.741）
lna_p	0.168 ***		0.183 ***	
	（3.693）		（3.941）	
lntor_p		0.232 ***		0.231 ***
		（6.338）		（6.362）
lev	0.092	−0.198	0.059	−0.223
	（0.309）	（−0.731）	（0.183）	（−0.840）
roa	1.256 *	0.617	1.338 *	0.750
	（1.891）	（0.867）	（1.965）	（1.089）
growa	−0.080	−0.413 **	−0.062	−0.438 ***
	（−0.540）	（−2.607）	（−0.387）	（−2.766）
top1	−0.002	−0.005	−0.003	−0.006
	（−0.652）	（−1.533）	（−0.771）	（−1.579）
independence	−0.008	−0.009	−0.010 *	−0.010 *
	（−1.417）	（−1.395）	（−1.760）	（−1.678）

续表

variables	salary1	salary1	salary2	salary2
	（1）	（2）	（3）	（4）
party	0.009	−0.013	−0.014	−0.032
	(0.089)	(−0.133)	(−0.149)	(−0.358)
listage	−0.003	−0.009	−0.004	−0.012
	(−0.308)	(−0.876)	(−0.398)	(−1.140)
mshare1	0.638	0.542	0.571	0.540
	(1.602)	(0.910)	(1.491)	(0.984)
soe	0.056	0.058	−0.030	−0.004
	(0.348)	(0.352)	(−0.178)	(−0.022)
zone	0.181*	0.054	0.118	0.001
	(1.656)	(0.523)	(0.981)	(0.013)
constant	9.810***	8.410***	9.753***	8.537***
	(11.932)	(11.658)	(11.299)	(12.008)
year	yes	yes	yes	yes
industry	yes	yes	yes	yes
observations	888	740	888	740
Adjust R^2	0.642	0.707	0.614	0.695

注：括号中为经过 cluster 调整后的 t 值，***、**、*分别表示在 1%、5% 和 10% 水平上显著。

5.6.3 固定效应检验

为解决内生性问题，我们采用固定效应检验。表 5 - 7 给出合并报表放大效应对高管薪酬影响的固定效应检验回归结果。由列（1）可知，magnification1 与 salary1 在 5% 水平上显著正相关，这表明在其他条件一定的情况下，公司的放大效应越高，高管薪酬越高，再次佐证假设 1。由列（2）可知，magnification1 与 salary2 在 5% 水平上显著正相关，这表明在其他条件一定的情况下，公司的放大效应越高，董事、监事和高管的薪酬越高，再次支持了假设 1。合并报表放大效应越高，企业的会计利润、收入规模、资产规模等被放大得越多，管理层薪酬受会计利润、收入、资产等项目的正向影响，从而使管理层薪酬越高。此外，投资企业规模（lna_p）与高管薪酬（salary1、salary2）均显著正相关，表明企业规模正向影响高管薪酬，这与陈震和丁忠明（2011）的研究结果一致。总资产净利润率（roa）与高管薪酬（salary1、salary2）均显著正相关，表明企业较好的业绩表现正向影响高管薪酬，这与蔡贵龙等（2018）的研究结果一致。

表5-7　合并报表放大效应与高管薪酬：固定效应检验

变量	salary1	salary2
	(1)	(2)
magnification1	0.336 **	0.361 **
	(2.236)	(2.141)
lna_p	0.073 *	0.117 ***
	(1.803)	(2.588)
lev	-0.555 ***	-0.786 ***
	(-3.799)	(-4.792)
roa	1.545 ***	1.188 ***
	(6.918)	(4.737)
growa	0.063	0.114
	(0.952)	(1.534)
top1	-0.006	-0.012 **
	(-1.459)	(-2.478)
independence	-0.003	-0.007 **
	(-1.353)	(-2.377)
party	-0.082	-0.142 **
	(-1.603)	(-2.481)
listage	0.096	0.068
	(0.408)	(0.259)
mshare1	1.079 ***	1.031 ***
	(4.165)	(3.542)
soe	0.839 ***	0.658 ***
	(5.824)	(4.070)
constant	11.231 ***	11.352 ***
	(3.264)	(2.939)

变量	salary1	salary2
	（1）	（2）
zone	yes	yes
year	yes	yes
industry	yes	yes
observations	946	946
Adjust R^2	0.195	0.104

注：＊＊＊、＊＊、＊分别表示在1%、5%和10%水平上显著。

5.7　进一步分析

5.7.1　合并报表放大效应与超额高管薪酬

根据 Fang 等（2018）的观点，超额高管薪酬反映的是股东与经理人之间的代理冲突，高管总薪酬中公司业绩无法解释的部分即为超额高管薪酬。Carter 等（2016）将超额高管薪酬作为高管以股东利益为代价追求自身利益的主要渠道。为了更全面地检验假设 1，我们对合并报表放大效应与超额高管薪酬的关系进行检验。参考 Cai 和 Walkling（2011）与 Fang 等（2018）的做法，超额高管薪酬（exsalary）为模型（5 - 2）的残差。

$$COMP_{i,t} = \lambda_0 + \lambda_1 RET_{i,t-1,t-3} + \lambda_2 ROA_{i,t-1} + \lambda_3 LEV_{i,t-1} + \lambda_4 MARKETCAP_{i,t-1} +$$

$$\lambda_5 BTM_{i,t-1} + \sum YEAR + \sum INDUSTRY + \varepsilon_{it} \qquad (5-2)$$

其中，COMP 为公司前三位高管现金薪酬的对数；RET 为公司过去三年的累计股票收益率；ROA 为公司资产收益率；LEV 为公司资产负债率；MARKETCAP 为公司权益市场价值的对数；BTM 为公司资产账面价值比公司市场价值。为检验合并报表放大效应与超额高管薪酬的关系，我们构建模型（5 - 3）。模型（5 -

3) 各变量的具体定义如表 5 - 1 所示。

$$\text{exsalary}_{i,t} = \alpha_0 + \alpha_1 \text{magnification1}_{i,t} + \alpha_2 \text{lna\_p}_{i,t} + \alpha_3 \text{lev}_{i,t} + \alpha_4 \text{roa}_{i,t} + \alpha_5 \text{growa}_{i,t} +$$

$$\alpha_6 \text{top1}_{i,t} + \alpha_7 \text{independence}_{i,t} + \alpha_8 \text{party}_{i,t} + \alpha_9 \text{listage}_{i,t} + \alpha_{10} \text{mshare1}_{i,t} +$$

$$\alpha_{11} \text{soe}_{i,t} + \alpha_{12} \text{zone}_{i,t} + \sum \text{industry} + \sum \text{year} + \varphi_{it} \qquad (5-3)$$

表 5 - 8 给出合并报表放大效应对超额高管薪酬影响的回归结果。由列（1）可知，magnification1 与 exsalary 在 10% 水平上显著正相关，这表明在其他条件一定的情况下，公司的合并报表放大效应越大，超额高管薪酬越高。合并报表放大效应使管理层与股东之间的代理成本增加，加剧了管理层与股东之间的代理冲突。由列（2）可知，magnification2 与 exsalary 在 1% 水平上显著正相关，这表明在其他条件一定的情况下，公司的合并报表放大效应越大，超额高管薪酬越高。由列（3）可知，magnification3 与 exsalary 在 1% 水平上显著正相关，这表明在其他条件一定的情况下，公司的合并报表放大效应越大，超额高管薪酬越高。合并报表放大效应使管理层与股东之间的代理成本增加，加剧了管理层与股东之间的代理冲突。

表 5 - 8　合并报表放大效应与超额薪酬

variables	exsalary		
	(1)	(2)	(3)
magnification1	0.664 *		
	(1.942)		
magnification2		0.015 ***	
		(3.155)	
magnification3			0.013 ***
			(2.945)
lna_p	-0.064	-0.061	-0.061
	(-1.502)	(-1.411)	(-1.420)
lev	0.197	0.392	0.380
	(0.604)	(1.259)	(1.229)

续表

variables	exsalary		
	（1）	（2）	（3）
roa	0.577	0.731	0.685
	(0.958)	(1.179)	(1.091)
growa	−0.349**	−0.343**	−0.351**
	(−2.241)	(−2.077)	(−2.132)
top1	−0.005	−0.005	−0.005
	(−1.240)	(−1.257)	(−1.268)
independence	−0.004	−0.004	−0.003
	(−0.388)	(−0.409)	(−0.371)
party	−0.039	−0.032	−0.031
	(−0.408)	(−0.326)	(−0.319)
listage	−0.013	−0.014	−0.014
	(−1.207)	(−1.189)	(−1.225)
mshare1	0.372	0.458	0.436
	(0.682)	(0.820)	(0.786)
soe	0.092	0.084	0.080
	(0.540)	(0.498)	(0.476)
zone	0.082	0.105	0.104
	(0.691)	(0.866)	(0.854)
constant	2.398**	2.248**	2.242**
	(2.431)	(2.268)	(2.270)
year	yes	yes	yes
industry	yes	yes	yes
observations	830	830	830
Adjust R^2	0.287	0.284	0.285

注：括号中为经过 cluster 调整后的 t 值，***、**、*分别表示在1%、5%和10%水平上显著。

5.7.2 合并报表放大效应与代理成本

我们的研究表明合并报表放大率越大，高管薪酬越高。本部分我们想要探讨合并报表放大率影响高管薪酬的作用机理是什么。5.7.1 的研究表明，合并报表放大效应会加剧股东与经理人之间的代理冲突，增加股东与经理人之间的代理成本。已有研究表明，高额在职消费会损坏公司的经营效率和公司价值（Luo et al.，2011；Hart，2001）。Chen、Li 和 Liang（2009）的研究表明，在职消费会加剧股东与经理人之间的代理冲突，增加公司的第一类代理成本。因此，我们通过在职消费（perks）衡量第一类代理成本。大股东占款比例（orec）可以体现大股东对小股东利益的侵占，可用于衡量第二类代理成本（袁蓉丽等，2018）。

为检验合并报表放大效应与代理成本的关系，我们构建模型（5-4）。其中，代理成本（agency cost）包括第一类代理成本（perks）和第二类代理成本（orec）。模型（5-4）各变量的具体定义如表5-1所示。

$$\begin{aligned} \text{Agency cost}_{i,t} = {} & \beta_0 + \beta_1 \text{magnification1}_{i,t} + \beta_2 \text{lna\_p}_{i,t} + \beta_3 \text{lev}_{i,t} + \beta_4 \text{roa}_{i,t} + \\ & \beta_5 \text{growa}_{i,t} + \beta_6 \text{cfo}_{i,t} + \beta_7 \text{soe}_{i,t} + \beta_8 \text{board}_{i,t} + \beta_9 \text{independence}_{i,t} + \\ & \beta_{10} \text{dual}_{i,t} + \beta_{11} \text{top1}_{i,t} + \sum \text{industry} + \sum \text{year} + \varphi_{it} \qquad (5-4) \end{aligned}$$

表5-9给出合并报表放大效应对代理成本影响的 OLS 检验回归结果。由列（1）可知，magnification1 与 perks 在1%水平上显著正相关，这表明在其他条件一定的情况下，公司的合并报表放大效应越大，高管在职消费越高。即合并报表放大效应使管理层与股东之间的代理成本增加，加剧了管理层与股东之间的代理冲突。由列（2）可知，magnification1 与 orec 在5%水平上显著正相关，这表明在其他条件一定的情况下，公司的合并报表放大效应越大，大股东占款越多，第二类代理成本越高。即合并报表放大效应加剧了大股东与中小股东之间的代理冲突，增加了大股东与中小股东之间的代理成本。合并报表放大效应加剧了企业的两类代理冲突，增加了企业的两类代理成本。

5.7.3 合并报表放大效应与股利支付、资本支出

如果合并报表放大效应加剧了管理层的机会主义行为，我们将不会发现合并报表放大率与股利支付、资本支出显著正相关。合并报表放大效应是否会导致较高的股利支付和资本支出？为回答该问题，我们对合并报表放大效应与股利支

付、资本支出的关系进行检验。为检验合并报表放大效应与股利支付、资本支出的关系，我们构建模型（5-5）。其中，模型（5-5）中各变量的具体定义如表5-1所示。合并报表放大效应与代理成本如表5-9所示。

表5-9　合并报表放大效应与代理成本

variables	perks	orec
	(1)	(2)
magnification1	0.007 ***	0.115 **
	(3.131)	(2.304)
lna_p	0.001 *	0.008 *
	(1.951)	(1.903)
lev	0.008 ***	0.074 ***
	(2.763)	(2.744)
roa	0.001	0.054
	(0.240)	(1.283)
growa	0.001	-0.012
	(0.642)	(-0.967)
cfo	-0.005	-0.047
	(-0.804)	(-1.128)
soe	-0.000	-0.000
	(-0.322)	(-0.012)
board	0.000	-0.003 *
	(0.493)	(-1.882)
independence	0.031 ***	0.012
	(3.204)	(0.158)
dual	0.001	-0.001
	(0.938)	(-0.127)
top1	-0.000	-0.000
	(-1.200)	(-0.220)
constant	-0.038 ***	-0.163
	(-4.294)	(-1.615)

续表

variables	perks	orec
	（1）	（2）
year	yes	yes
industry	yes	yes
observations	502	998
Adjust R^2	0.604	0.396

注：括号中为经过 cluster 调整后的 t 值，***、**、* 分别表示在 1%、5% 和 10% 水平上显著。

$$\text{dividend}_t(\text{cpx}_t) = \gamma_0 + \gamma_1 \text{magnification1}_{i,t} + \gamma_2 \text{lna\_p}_{i,t} + \gamma_3 \text{lev}_{i,t} + \gamma_4 \text{roa}_{i,t} + \gamma_5 \text{growa}_{i,t} +$$

$$\gamma_6 \text{cfo}_{i,t} + \gamma_7 \text{soe}_{i,t} + \gamma_8 \text{board}_{i,t} + \gamma_9 \text{independence}_{i,t} + \gamma_{10} \text{dual}_{i,t} +$$

$$\gamma_{11} \text{top1}_{i,t} + \sum \text{industry} + \sum \text{year} + \varphi_{it} \qquad (5-5)$$

表 5 - 10 给出合并报表放大效应与股利支付、资本支出的 OLS 回归结果。由列（1）和列（2）可知，magnification1 与 dividend$_t$、dividend$_{t+1}$ 均不存在显著的相关关系，即合并报表放大率不会增加企业的股利支付。由列（3）和列（4）可知，magnification1 与 cpx$_t$、cpx$_{t+1}$ 均不存在显著的相关关系，即合并报表放大率不会增加企业的资本支出。表 5 - 10 的回归结果表明，高层管理者可能利用合并报表的放大效应规避个人风险，但不会增加企业的股利支付和资本支出。

表 5 - 10　合并报表放大效应与股利支付/资本支出

variables	dividend$_t$	dividend$_{t+1}$	cpx$_t$	cpx$_{t+1}$
	（1）	（2）	（3）	（4）
magnification1	1.340	0.941	-0.007	-0.018
	(0.910)	(0.733)	(-0.247)	(-0.938)
lna_p	0.767***	1.770***	-0.004	-0.008***
	(4.204)	(5.783)	(-0.876)	(-2.988)
lev	-3.288**	-11.185***	0.065**	0.043**
	(-2.417)	(-4.099)	(2.091)	(2.005)

续表

variables	dividend$_t$	dividend$_{t+1}$	cpx$_t$	cpx$_{t+1}$
	（1）	（2）	（3）	（4）
roa	20. 348 ***	45. 418 ***	− 0. 047	0. 006
	（3. 528）	（4. 119）	（− 0. 425）	（0. 101）
growa	1. 194	− 1. 995	0. 064 ***	0. 084 ***
	（1. 319）	（− 1. 528）	（3. 593）	（4. 964）
cfo	− 1. 931	4. 485	0. 110 *	0. 087 **
	（− 0. 558）	（1. 114）	（1. 702）	（2. 476）
soe	− 0. 119	0. 168	− 0. 024 ***	− 0. 014 **
	（− 0. 207）	（0. 263）	（− 2. 715）	（− 2. 031）
board	0. 015	− 0. 500 **	0. 002	0. 002
	（0. 087）	（− 2. 499）	（0. 968）	（1. 267）
independence	− 0. 611	− 0. 998	− 0. 004	− 0. 018
	（− 0. 200）	（− 0. 257）	（− 0. 079）	（− 0. 456）
dual	− 2. 169 ***	− 0. 609	− 0. 012	− 0. 011
	（− 2. 842）	（− 0. 890）	（− 1. 481）	（− 1. 607）
top1	0. 037 **	0. 032	− 0. 000	0. 000
	（2. 414）	（1. 512）	（− 0. 163）	（0. 087）
constant	− 16. 215 ***	− 29. 236 ***	0. 065	0. 154 ***
	（− 4. 649）	（− 5. 395）	（1. 001）	（3. 625）
year	yes	yes	yes	yes
industry	yes	yes	yes	yes
observations	910	841	1 020	1 022
Pseudo R^2/Adjust R^2	0. 381	0. 573	0. 515	0. 479

注：括号中为经过 cluster 调整后的 t 值，*** 、 ** 、 *分别表示在 1% 、5% 和 10% 水平上显著。

5.7.4 高管持股的调节作用

当管理当局拥有的股权很少时，他们就会侵害股东利益，追求自身价值最大化，进而使企业价值降低。根据 Jensen 和 Meckling （1976） 的观点，管理层持股比例越高，企业价值越大。当管理层持有公司的全部股份时，股东与管理层不存在代理冲突，此时企业的价值最大。股权对管理层具有激励作用，随着管理层持股比例的提高，管理层与股东的利益会趋于一致，从而减少股东与管理层之间的代理冲突，使企业价值得到提升（韩亮亮等，2006）。因此，设置变量高管持股（mshare），以检验高管持股是否会在合并报表放大效应和高管薪酬之间发挥调节作用。由于高管持股会产生利益趋同效应，降低代理成本，因此我们预测高管持股比例越高，合并报表放大效应对高管薪酬的促进作用越低。

为了验证上述预测，我们构建模型（5-6）。其中，mshare1 为董事、监事及高管持股数量与总股数的比值，mshare2 为高级管理人员持股数量与总股数的比值。模型（5-6）中各变量的具体定义如表5-1所示。

$$salary_{i,t} = \chi_0 + \chi_1 magnification1_{i,t} + \chi_2 magnification1_{i,t} \times mshare_{i,t} + \chi_3 mshare_{i,t} +$$

$$\chi_4 lna\_p_{i,t} + \chi_5 lev_{i,t} + \chi_6 roa_{i,t} + \chi_7 growa_{i,t} + \chi_8 top1_{i,t} + \chi_9 independence_{i,t} +$$

$$\chi_{10} party_{i,t} + \chi_{11} listage_{i,t} + \chi_{12} soe_{i,t} + \chi_{13} zone_{i,t} + \sum industry + \sum year + \varphi_{it}$$

$$(5-6)$$

表5-11给出合并报表放大效应、高管持股与高管薪酬的OLS回归结果。由列（1）可知，magnification1 × mshare2 与 salary1 显著负相关，即高管持股比例越高，合并报表放大效应对高管薪酬的促进作用越低。由列（2）可知，magnification1 × mshare1 与 salary2 显著负相关，即高管持股比例越高，合并报表放大效应对高管薪酬的促进作用越低，支持了预测，高管持股在合并报表放大效应和高管薪酬之间发挥了调节作用，与高管持股的利益趋同效应一致。

表5-11 合并报表放大效应与高管薪酬：高管持股调节作用

variables	salary1	salary2
	（1）	（2）
magnification1	0.861***	0.844***
	（3.085）	（2.786）
magnification1 × mshare2	-0.112*	
	（-1.831）	

续表

variables	salary1	salary2
	(1)	(2)
mshare2	0.003	
	(0.765)	
magnification1 × mshare1		−0.024*
		(−1.906)
mshare1		0.002
		(1.537)
lna_p	0.242***	0.253***
	(6.952)	(6.927)
lev	−0.101	−0.115
	(−0.369)	(−0.390)
roa	1.245*	1.306*
	(1.953)	(1.956)
growa	−0.185	−0.174
	(−1.306)	(−1.178)
top1	−0.004	−0.005
	(−1.316)	(−1.475)
independence	−0.007	−0.008
	(−1.159)	(−1.342)
party	0.027	0.007
	(0.294)	(0.075)
listage	−0.009	−0.008
	(−0.989)	(−0.784)
soe	0.026	−0.016
	(0.178)	(−0.101)
zone	0.217**	0.162
	(2.025)	(1.403)
constant	9.178***	8.985***
	(10.913)	(9.860)
year	yes	yes
industry	yes	yes
observations	938	946
Adjust R^2	0.643	0.613

注：括号中为经过 cluster 调整后的 t 值，***、**、*分别表示在 1%、5% 和 10% 水平上显著。

5.8 本章小结

本章检验了合并报表放大效应对高管薪酬的影响，剖析了两者关系的作用机理，并提供了可信的检验证据。研究结果表明，在其他条件一定的情况下，公司的合并报表放大效应越大，管理层薪酬越高。合并报表放大效应越大，企业的会计利润、收入规模被放大得越多，管理层薪酬受会计利润、收入等项目的正向影响，从而使管理层薪酬越高。改变合并报表放大率衡量方式和固定效应检验后结果依然稳健。进一步分析表明，在其他条件一定的情况下，公司的合并报表放大效应越大，超额管理薪酬越高；合并报表放大效应加剧了企业的两类代理冲突，增加了企业的两类代理成本，即合并报表放大效应通过增加代理成本使管理层薪酬增加；合并报表放大效应并不会增加企业的股利支付和资本支出；高管持股在合并报表放大效应和高管薪酬之间发挥了调节作用，高管持股比例越高，合并报表放大效应对高管薪酬的促进作用越低。

合并报表会产生放大效应，在基于控制标准确定并表范围的会计处理准则下，合并报表的放大效应更大。合并报表放大效应会加剧企业的代理冲突，增加代理成本，管理层可以通过各种机会主义行为实现自身利益最大化，如高管薪酬的提高。本章研究表明，合并报表放大效应会提升高管薪酬，支持了这一论断。

本书研究了合并报表放大效应对企业经营管理的影响，对于深入理解会计准则对中国企业管理与经济发展的影响具有重要的意义。从理论上看，本章丰富了会计准则对高管薪酬影响方面的研究。本章研究表明，合并报表放大效应正向影响企业高管薪酬，高管薪酬制定者并不能识别合并报表对企业财务数据的影响，本书的研究对于高管薪酬契约的制定具有重要的启示作用。本章研究还发现，高管持股能够缓解合并报表放大效应对高管薪酬的影响，这表明股权激励有助于高管和股东利益趋同。此外，在我国公司治理不够完善的情况下，优化合并报表准则是增强会计信息可靠性和相关性的一个可能思路。

6　合并报表放大效应与债务融资成本

6.1　引言

　　本章继续研究合并报表放大效应的经济后果，具体研究合并报表放大效应对债务融资成本的影响。债务融资是企业主要的融资方式之一，在我国资本市场中发挥着不可替代的作用（余明桂和潘红波，2008）。债务融资成本的大小是对企业获取外部融资难易程度的反映，是企业借债需要承担的费用（姜付秀等，2016）。较低的债务融资成本可以有效缓解公司的融资约束，提升公司的经营业绩（朱凯和陈信元，2009）。

　　就理论层面来看，合并报表放大效应对企业债务融资成本的影响可能是双向的。一方面，合并报表放大效应可能有助于降低企业的债务融资成本。因为合并报表放大效应，使企业的资产规模和收入规模被放大，债权人通常认为与小公司相比，大公司的违约风险较低（Carey et al.，1993；Petersen & Rajan，1994；Pittman & Fortin，2004），从而可能会降低对大公司的风险评定，进而对大公司要求较低的贷款利率。此外，主营业务利润、利润总额、净利润等财务报表项目也被放大，良好的盈利状况向债权人传递出较低的公司风险，进而降低企业的债务融资成本。另一方面，合并报表放大效应又可能对企业债务融资成本产生负面影响。由于合并报表放大效应的存在，根据企业合并财务报表计算的资产负债率被放大，集团公司的整体信贷风险受合并财务报表资产负债率的正向影响（李增

·121·

泉等，2008）。较高的资产负债率向债权人传递出较高的公司风险，因此理性债权人会通过要求更高的贷款利率来保护自己免受更高的违约风险和回收风险（Petersen & Rajan，1994；Pittman & Fortin，2004）。因此，合并报表放大效应与债务融资成本之间的关系需要实证检验。

本章以 2007～2017 年母公司报表中长期股权投资项目的附注中披露的所有被投资单位为研究样本，对合并报表放大效应与债务融资成本之间的关系进行实证检验。研究发现，在其他条件一定的情况下，公司的合并报表放大效应越大，债务融资成本越低，改变合并报表放大率、债务融资成本衡量方式和固定效应检验后结果依然稳健。从作用机制上看，合并报表放大效应降低了企业的盈余管理程度。这表明合并报表放大效应通过降低企业信息风险来影响债务融资成本。此外，一般认为四大会计师事务所的审计具有更强的外部监督作用，但是研究发现，在四大会计师事务所审计的企业中，合并报表放大效应对于降低企业债务融资成本的影响更为显著。可知，四大审计并未识别合并报表放大效应对债权人的影响，从这个意义上讲，四大审计并未发挥其应有的监督作用。

本章的研究贡献主要表现在两个方面。第一，本章丰富了会计准则对债务融资成本影响方面的研究。本章研究了合并报表放大效应对债务融资成本的影响，丰富了会计准则对债务融资成本影响的研究，对深入理解会计准则影响中国企业管理以及我国经济发展具有重大意义。第二，本章的研究表明，债权人在进行贷款决策时，并不能识别合并报表对企业财务数据的影响，或者说认可合并报表的放大效应，该结论对优化银行贷款决策具有重要的启示作用。

6.2 理论推导与研究假设

已有研究表明，银行等债权人会根据合并财务报表数据做出信贷决策。例如，Tucker 等（2017）研究了除合并资产负债表之外，母公司资产负债表是否对母公司的债务人提供增量信息。研究表明，在控制合并报表财务杠杆的前提下，母公司个别财务报表中的财务杠杆与信用违约互换（CDS）溢价（母公司违约风险的价格）显著正相关，支持了用母公司报表或母公司信用风险的其他信息补充合并财务报表的观点。Tucker 等（2017）的研究为银行等债权人根据合并财务报表数据做决策提供了间接证据。祝继高等（2011）以 2006 年会计准则改革为研究背景，研究了新旧准则下合并财务报表净利润对银行信贷决策有用性的变化，以及新旧准则下"合并—母公司净利润差异"对银行信贷决策有用性的变化。研究发现，与旧准则相比，新准则下合并报表净利润与债务契约的相关性减弱，且"合并—母公司净利润差异"与企业获得银行借款的相关性也减弱。这表明新旧会计准则下合并报表净利润都是银行信贷决策的重要依据，为债权人依据合并报表数据做出信贷决策提供了证据。此外，祝继高等（2014）也发现，当母公司为投资主导型企业时，合并—母公司报表净利润差异为债权人决策的重要信息。陆正飞和张会丽（2010）发现，债权人决策所依据的基础性盈利信息为合并利润表中的净利润，母公司报表净利润则发挥信息补充作用。

信息不对称会对债务契约产生影响（Sufi，2007；Graham et al.，2008）。道德风险与逆向选择是由于银行和企业之间的信息不对称引起的，道德风险与逆向选择可能会致使银行不能按约定的利息如期收回利息与本金。针对银行与企业间的信息不对称以及由此引发的不确定性，银行往往通过差异化的利率与贷款规模来应对。基于财务报表数据得出的财务指标以及财务报表数据都有提示风险的作用，因此企业向银行释放更多的信息尤其是财务信息，可以有效减少银行企业之间的信息不对称（申香华，2014）。

合并财务报表中的净利润与利润总额是我国财务评价体系与资本市场监管的重要衡量指标。此外，主营业务利润是衡量企业盈利能力和盈利质量的可靠财务指标，这是由于主营业务盈利水平和竞争能力是企业发展的重要保障。合并报表放大效应越大，主营业务利润、利润总额、净利润等财务报表项目被放大，债权人将会降低对企业信贷风险的评级。已有研究表明信贷风险是银行面临的主要贷款风险，也是贷款定价的主要决定因素之一（Freixas & Rochet，1997；Graham et al.，2008）。主营业务利润、利润总额、净利润等财务报表项目被放大，向银行等债权人传递出企业具有较低风险的信号，从而使企业的债务融资成本降低。

合并报表放大效应大的企业，其资产规模和收入规模被放大的程度也较大。已有研究表明，企业可以通过收入规模扩张来获取信贷支持（周黎安，2007；李增泉等，2008），债权人认为与小公司相比，大公司的违约风险较低（Carey et al.，1993；Petersen & Rajan，1994；Pittman & Fortin，2004）。因此，合并报表放大效应越大的公司，资产规模和收入规模相对较大，债权人认为其风险较低，因而愿意给予其较低的贷款利率。

合并报表会计信息向企业外部利益相关者传递出关于企业财务状况、经营成果和现金流量的重要信息，是银行等债权人识别、控制债务风险的重要依据（黎来芳等，2018）。合并报表放大效应的存在，对企业的资产规模、收入规模、主营业务利润、营业利润、净利润等项目均产生了放大。合并报表数据向银行等债权人提供了更加详细的债务人财务信息，降低了银行等债权人与债务企业的信息不对称程度，进而使债务企业的信息风险降低，从而降低债权人对公司债务风险的评定等级。也就是说，合并财务报表放大效应降低债务融资成本的渠道是降低债务企业的信息风险。因此，提出以下假设：

H1a：在其他条件一定的情况下，合并财务报表的放大效应越大，企业的债务融资成本越低。

相对于母公司个别报表而言，合并报表放大效应的存在使合并报表资产负债率高于母公司报表资产负债率，因此从资产负债率的角度看，合并报表所反映的公司风险高于母公司报表所反映的公司风险。相较于母公司报表，合并财务报表的地位不断提高，成为资产定价、信用评级、薪酬考核、利润分配决策的主要依据，得到准则制定者、投资者、债权人等企业利益相关者的普遍认可（李阳，2015）。即与母公司报表数据相比，债权人在对公司进行风险评估时更加关注合并报表数据。因此，债权人基于合并报表资产负债率对公司风险的评估结果将高于公司的实际风险。此外，由于合并报表放大效应的存在，根据企业合并财务报表计算的资产负债率被放大，集团公司的整体信贷风险受合并财务报表资产负债率的正向影响（李增泉等，2008）。已有研究表明信贷风险是银行面临的主要贷款风险，也是贷款定价的主要决定因素之一（Freixas & Rochet，1997；Graham et al.，2008）。具有较高合并报表放大效应的公司，资产负债率被放大，较高的资产负债率向债权人传递出较高的公司风险，因此理性债权人会通过要求更高的贷款利率来保护自己免受更高的违约风险和回收风险（Petersen & Rajan，1994；Pittman & Fortin，2004）。基于此，提出假设：

H1b：在其他条件一定的情况下，合并财务报表的放大效应越大，企业的债务融资成本越高。

6.3 研究设计

（1）样本选择。与前述第 4 章合并报表并表范围操控、第 5 章合并报表放大效应与高管薪酬的样本选择一致，检验合并报表放大率对债务融资成本的影响。样本区间为 2007 ~ 2017 年。2006 年 2 月 15 日财政部发布包括 38 项具体会计准则与一项基本会计准则的新会计准则体系。因此，样本区间以全面实施新会计准则的 2007 年开始。此外，各相关变量数据均来源于 CSMAR 数据库，对连续变量进行 1% 的缩尾（Winsorize）处理。

（2）回归模型与变量定义。为了验证合并报表放大效应对债务融资成本的影响，我们借鉴 Graham、Li 和 Qiu（2008），周楷唐等（2017）等的做法，通过模型（6 - 1）验证假设 1：

$$debtcost_{i,t} = \lambda_0 + \lambda_1 magnification1_{i,t} + \lambda_2 lna\_p_{i,t} + \lambda_3 lev_{i,t} + \lambda_4 roa_{i,t} + \lambda_5 growa_{i,t} +$$

$$\lambda_6 top1_{i,t} + \lambda_7 independence_{i,t} + \lambda_8 soe_{i,t} + \lambda_9 marketization_{i,t} + \lambda_{10} lnsalary_{i,t} + \lambda_{11} listage_{i,t} + \lambda_{12} big4_{i,t} + \sum industry + \sum year + \varphi_{it}$$

$$(6 - 1)$$

参考林钟高和丁茂恒（2017）、魏志华等（2012）、张伟华等（2018）等文献的做法，因变量债务融资成本（debtcost）通过两种方式进行度量：debtcost1 为企业财务费用比企业期末总负债；debtcost2 为企业利息支出比企业期末总负债。关键测试变量合并报表放大率（magnification1）为合并报表少数股东权益比合并报表权益总额。magnification1 越大，表明合并报表放大效应越大。

已有研究表明，债权人认为与小公司相比，大公司的违约风险较低（Carey et al.，1993；Petersen & Rajan，1994；Pittman & Fortin，2004），因此模型中对公司规模（lna_p）进行控制。Petersen 和 Rajan（1994）的研究表明，资产负债率会正向影响企业的债务融资成本，因此对资产负债率（lev）进行控制。陈汉文和周中胜（2014）的研究表明，企业的盈利能力和成长性均会负向影响债务融资成本，因此对企业盈利能力（roa）和成长性（growa）进行控制。股权结构会对企业的债务融资成本产生影响（王运通和姜付秀，2017），因此对第一大股东持股比例（top1）进行控制。公司治理水平指标董事会独立性对投资者保护水平产生影响，进而会影响公司的债务融资成本（王彦超等，2016），因此对董事会独立性（independence）进行控制。企业的产权性质会影响其债务融资成本（Zou & Adams，2008），与民营企业相比，随着债务诉讼风险提高，国有企业债务契约成本的增加幅度较低（王彦超等，2016），因此对企业产权性质（soe）进行控制。在金融市场不发达的地区，不易获取公司发展前景与经营状况的信息，即使是获取的信息其可靠性也相对较差，银行等债权人与债务企业之间的信息不对称更严重（陈汉文和周中胜，2014）。因此，对市场化指数（marketization）进行控制。管理层薪酬契约会影响企业的风险承担，进而影响公司债务融资成本（顾小龙等，2017），因此对管理层薪酬进行控制。与成熟型公司相比，成长型公司的债务融资成本更高（Lim et al.，2018），因此控制公司上市年限（listage）。企业信息透明度与披露质量会影响企业的债务融资成本（王彦超等，2016），因此对企业信息透明度与披露质量的衡量指标审计质量（big4）进行控制。各变量的具体定义如表 6 - 1 所示。此外，模型中还控制了年度（year）和行业（industry）固定效应。

表 6 – 1　变量定义

变量名称	变量符号	变量定义
债务融资成本	debtcost1	企业财务费用比企业期末总负债，参考林钟高和丁茂恒（2017）
债务融资成本	debtcost2	企业利息支出比企业期末总负债，参考张伟华等（2018）
合并报表放大率	magnification1	合并报表少数股东权益比合并报表权益总额
企业规模	lna_p	投资企业母公司报表资产总额的自然对数
资产负债率	lev	合并资产负债表负债总额比资产总额
盈利能力	roa	总资产净利润率，合并报表净利润比总资产
资产增长率	growa	ln（下期资产总额 ÷ 当期资产总额），参考 Humphery – Jenner（2012）
股权结构	top1	第一大股东持股比例
董事会独立性	independence	独董比例，独立董事人数 ÷ 董事人数
企业性质	soe	国有企业取值为 1，否则为 0
市场化指数	marketization	市场化总指数评分
高管薪酬	lnsalary	董事、监事及高管前三名薪酬总额的自然对数，参考马连福等（2013）
上市年限	listage	公司上市的年数
审计质量	big4	四大审计，四大审计取值为 1，否则为 0
总资产放大率	magnification4	（合并报表总资产 – 母公司报表总资产）÷ 母公司报表总资产
债务融资成本	debtcost1_D1	中位数调整债务融资成本虚拟变量，企业财务费用比企业期末总负债 debtcost1 高于中位数取值为 1，否则为 0
债务融资成本	debtcost2_D1	中位数调整债务融资成本虚拟变量，企业利息支出比企业期末总负债 debtcost2 高于中位数取值为 1，否则为 0
债务融资成本	debtcost1_D2	行业中位数调整债务融资成本虚拟变量，企业财务费用比企业期末总负债 debtcost1 高于行业中位数取值为 1，否则为 0
债务融资成本	debtcost2_D2	行业中位数调整债务融资成本虚拟变量，企业利息支出比企业期末总负债 debtcost2 高于行业中位数取值为 1，否则为 0
债务融资成本	debtcost3_D1	中位数调整债务融资成本虚拟变量，利息支出比长短期债务总额高于中位数取值为 1，否则为 0。其中长短期债务总额 = 短期贷款 + 一年内到期的非流动负债 + 长期贷款 + 应付债券 + 长期应付款 + 其他非流动负债
债务融资成本	debtcost3_D2	行业中位数调整债务融资成本虚拟变量，利息支出比长短期债务总额高于行业中位数取值为 1，否则为 0

续表

变量名称	变量符号	变量定义
盈余管理	｜DA｜	根据业绩调整的 Jones 模型计算得出，参考翟胜宝等（2017）
净利润放大率	magnification2	（合并报表净利润 – 母公司报表净利润）÷母公司报表净利润
利润总额放大率	magnification3	（合并报表利润总额 – 母公司报表利润总额）÷母公司报表利润总额
经营现金流	cfo	公司经营活动现金流量净额与总资产的比值
高管薪酬	salary	公司前三名高管薪酬总和与总资产的比值
成长性	growth	公司营业收入增长率
股权集中度	top1	公司第一大股东持股比例
董事会规模	board	董事会人数
二职兼任	dual	董事长与总经理兼任为 1，否则为 0
盈余波动性	sd_roa	过去三年 ROA 标准差
账面市值比	btm	资产账面价值比公司市场价值
高管超额薪酬	exsalary	参考 Cai 和 Walkling（2011）以及 Fang、Hu 和 Yang（2018），如下模型的残差为高管超额薪酬。$COMP_{i,t} = \lambda_0 + \lambda_1 RET_{i,t-1,t-3} + \lambda_2 ROA_{i,t-1} + \lambda_3 LEV_{i,t-1} + \lambda_4 MARKETCAP_{i,t-1} + \lambda_5 BTM_{i,t-1} + \sum YEAR + \sum INDUSTRY + \varepsilon_{it}$，其中，COMP 为公司前三位高管现金薪酬的对数；RET 为公司过去三年的累计股票收益率；ROA 为公司资产收益率；LEV 为公司资产负债率；MARKETCAP 为公司权益市场价值的对数；BTM 为公司资产账面价值比公司市场价值

6.4 样本描述和实证结果

6.4.1 描述性统计

表 6 – 2 给出模型（6 – 1）中各个变量的描述性统计结果。由表 6 – 2 可知，样本期内企业债务融资成本（debtcost1）的均值为 0.019，中位数为 0.02，表明

样本公司的平均债务成本为 1.9%。样本期内企业债务融资成本（debtcost2）的均值为 0.021，中位数为 0.02，表明样本公司的平均债务成本为 2.1%。合并报表放大率（magnification1）均值为 0.123，中位数为 0.087，1/4 分位数为 0.024，3/4 分位数为 0.222，表明我国上市公司间合并报表放大率存在较大差异。投资企业的资产负债率（lev）均值为 0.532，中位数为 0.543，1/4 分位数为 0.368，3/4 分位数为 0.675，表明投资企业的资产负债率相差较大。总资产净利润率（roa）的均值为 0.034，中位数为 0.039，1/4 分位数为 0.014，3/4 分位数为 0.060，表明投资企业的盈利能力相差较大。资产增长率（growa）的均值为 0.107，中位数为 0.085，1/4 分位数为 0.017，3/4 分位数为 0.186，表明投资企业的成长性相差较大。股权结构方面，第一大股东持股比例（top1）均值为 39.253%，中位数为 40.077%，表明我国上市公司中第一大股东的持股比例普遍较高。是否国有企业（soe）的均值为 0.748，表明 74.8% 的样本观测值为国有企业。公司上市年限（listage）的均值为 12.169，中位数为 13，1/4 分位数为 7，3/4 分位数为 16，表明样本观测值的平均上市年限大约在 12 年。是否四大审计（big4）的均值为 0.168，表明 16.8% 的样本观测值为四大审计。

表 6 - 2　主要变量描述性统计

variable	N	Mean	Q1	Median	Q3	Std. Dev.
debtcost1	941	0.019	0.007	0.020	0.031	0.021
debtcost2	941	0.021	0.006	0.020	0.032	0.017
magnification1	941	0.123	0.024	0.087	0.222	0.133
lna_p	941	22.768	21.516	22.442	24.077	1.643
lev	941	0.532	0.368	0.543	0.675	0.196
roa	941	0.034	0.014	0.039	0.060	0.062
growa	941	0.107	0.017	0.085	0.186	0.194
top1	941	39.253	26.759	40.077	50.794	14.712
independence	941	0.372	0.333	0.333	0.375	0.067
soe	941	0.748	0.000	1.000	1.000	0.434
marketization	941	7.437	6.100	8.010	8.690	1.670

variable	N	Mean	Q1	Median	Q3	Std. Dev.
lnsalary	941	14.237	13.797	14.247	14.653	0.695
listage	941	12.169	7.000	13.000	16.000	5.517
big4	941	0.168	0.000	0.000	0.000	0.374

注：连续变量已在 1 和 99 分位数缩尾。

6.4.2　相关系数分析

表 6 – 3 给出模型中主要变量的 pearson 相关系数。由表 6 – 3 可知，合并报表放大率（magnification1）与债务融资成本 debtcost1、debtcost2 均显著负相关，这说明公司合并报表的放大效应负向影响债务融资成本，合并报表放大效应越大，债务融资成本越低，支持了假设 1a。合并报表放大效应越大的公司，其资产和收入规模相对较大，主营业务利润、利润总额、净利润相对较高，债权人认为其风险较低，愿意给予其较低的贷款利率。投资企业规模（lna_p）与债务融资成本 debtcost1、debtcost2 均显著负相关，表明企业规模越大，债权人认为其违约风险越低，使企业的债务融资成本较低，这与 Carey、Prowse 和 Rea 等（1993），Petersen 和 Rajan（1994），Pittman 和 Fortin（2004）的研究结果一致。投资企业的资产负债率（lev）与债务融资成本 debtcost1、debtcost2 均显著正相关，表明企业的资产负债率越高，企业风险越高，债务融资成本越高，这与 Petersen 和 Rajan（1994）的研究结果一致。总资产净利润率（roa）与债务融资成本 debtcost1、debtcost2 均显著负相关，表明企业的盈利能力越高，债务融资成本越低，与陈汉文和周中胜（2014）的研究结果一致。资产增长率（growa）与债务融资成本 debtcost1、debtcost2 均显著负相关，表明企业的成长性越好，债务融资成本越低。市场化指数（marketization）与债务融资成本 debtcost1、debtcost2 均显著负相关，表明市场化指数越高，企业的债务融资成本越低。市场化指数越高，金融市场越发达，银行等债权人更容易获得债务企业的信息，从而降低债权人和债务人之间的信息不对称，进而降低债务企业的债务融资成本。审计质量（big4）

表6-3 相关系数

variables	1	2	3	4	5	6	7	8	9	10	11	12	13	14
debtcost1	1													
debtcost2	0.888***	1												
magnification1	-0.053*	-0.099***	1											
lna_p	-0.213***	-0.323***	0.177***	1										
lev	0.193***	0.096***	0.221***	0.240***	1									
roa	-0.286***	-0.281***	-0.013	0.127***	-0.432***	1								
growa	-0.244***	-0.282***	-0.081***	0.105***	-0.03	0.335***	1							
top1	-0.126***	-0.169***	0.099***	0.449***	-0.007	0.057*	-0.02	1						
independence	-0.131***	-0.175***	0.02	0.244***	0.100***	-0.002	0.069**	0.061**	1					
soe	-0.102***	-0.155***	-0.069**	0.101***	0.215***	-0.182***	0.004	0.197***	0.073**	1				
marketization	-0.167***	-0.177***	0.051	0.230***	-0.198***	0.070***	-0.061***	0.311***	0.053	-0.015	1			
lnsalary	-0.285***	-0.364***	0.142***	0.619***	0.093***	0.234***	0.175***	0.147***	0.087***	0.036	0.368***	1		
listage	0.189***	0.168***	0.094***	-0.150***	-0.034	-0.110***	-0.221***	-0.198***	-0.147***	-0.002	-0.019	-0.136***	1	
big4	-0.209***	-0.289***	0.098***	0.605***	0.189***	0.055*	0.125***	0.299***	0.286***	0.149***	0.213***	0.447***	-0.376***	1

注: 连续变量已在1和99分位数缩尾。***、**、*分别表示在1%、5%和10%水平上显著。

与债务融资成本 debtcost1、debtcost2 均在 1% 水平上显著负相关。由于审计质量是企业信息透明度和披露质量的体现，所以审计质量与债务融资成本负相关表明企业的信息透明度和披露质量负向影响其债务融资成本。

6.4.3 假设检验

表 6 - 4 给出模型（6 - 1）的 OLS 回归结果，检验企业合并报表的放大效应对债务融资成本的影响。由列（1）可知，magnification1 与 debtcost1 在 5% 水平上显著负相关，这表明在其他条件一定的情况下，公司合并报表的放大效应越高，债务融资成本越低，假设 1a 得到证明。由列（2）可知，magnification1 与 debtcost2 在 1% 水平上显著负相关，这表明在其他条件一定的情况下，公司合并报表的放大效应越高，债务融资成本越低，支持了假设 1a。合并报表放大效应的存在虽然导致了合并报表资产负债率的提高，但是由于收入规模、资产规模、主营业务利润、利润总额、净利润等项目均被放大，所以债权人认为企业风险较低，愿意给予其较低的贷款利率。

投资企业规模（lna_p）与债务融资成本 debtcost1、debtcost2 均显著负相关，表明企业规模越大，债权人认为其违约风险越低，使企业的债务融资成本较低，这与 Carey、Prowse 和 Rea 等（1993），Petersen 和 Rajan（1994），Pittman 和 Fortin（2004）的研究结果一致。投资企业的资产负债率（lev）与债务融资成本 debtcost1、debtcost2 均显著正相关，表明企业的资产负债率越高，风险越高，债务融资成本较高，这与 Petersen 和 Rajan（1994）的研究结果一致。总资产净利润率（roa）与债务融资成本 debtcost1、debtcost2 均显著负相关，表明企业的盈利能力越高，债务融资成本越低。资产增长率（growa）与债务融资成本 debtcost1、debtcost2 均显著负相关，表明企业的成长性越好，债务融资成本越低，与陈汉文和周中胜（2014）的研究结果一致。

表6-4 合并报表放大效应与债务融资成本

variables	debtcost1	debtcost2
	(1)	(2)
magnification1	-0.020**	-0.021***
	(-2.354)	(-2.678)
lna_p	-0.002*	-0.002**
	(-1.790)	(-2.191)
lev	0.025***	0.017***
	(3.492)	(2.957)
roa	-0.036*	-0.034*
	(-1.745)	(-1.805)
growa	-0.012*	-0.012**
	(-1.685)	(-2.063)
top1	-0.000	-0.000
	(-0.065)	(-0.557)
independence	-0.011	-0.009
	(-0.654)	(-0.623)
soe	-0.007**	-0.006*
	(-1.997)	(-1.954)
marketization	-0.001	-0.001
	(-1.284)	(-0.868)
lnsalary	-0.001	-0.001
	(-0.361)	(-0.607)
listage	0.000	-0.000
	(1.059)	(-0.067)
big4	0.002	-0.000
	(0.332)	(-0.029)
constant	0.098***	0.106***
	(2.985)	(3.457)
year	yes	yes
industry	yes	yes
observations	941	941
Adjust R^2	0.331	0.408

注：括号中为经过 cluster 调整后的 t 值，***、**、*分别表示在1%、5%和10%水平上显著。

6.5 稳健性检验

6.5.1 改变合并报表放大率度量方式：总资产放大率

为增强研究结论的稳健性，改变合并报表放大率的衡量方式，通过 magnification4 ［（合并报表总资产 – 母公司报表总资产）÷母公司报表总资产］衡量总资产放大率。已有研究表明，债权人认为与小公司相比，大公司的违约风险较低（Carey et al.，1993；Petersen & Rajan，1994；Pittman & Fortin，2004），因此通过总资产放大率来衡量合并报表放大率。总资产放大率越大，表明合并报表放大效应越大。

表 6 – 5 给出总资产放大率与债务融资成本的 OLS 回归结果。由列（1）可知，magnification4 与 debtcost1 在 5% 水平上显著负相关，这表明总资产放大率负向影响债务融资成本，合并报表的放大效应越大，债务融资成本越低，再次支持假设 1a。由列（2）可知，magnification4 与 debtcost2 在 5% 水平上显著负相关，这表明总资产放大率负向影响债务融资成本，合并报表的放大效应越大，债务融资成本越低，再次验证假设 1a。合并报表放大效应的存在虽然导致了合并报表资产负债率的提高，但是由于收入规模、资产规模、主营业务利润、利润总额、净利润等项目均被放大，所以债权人认为企业风险较低，愿意给予其较低的贷款利率。此外，投资企业的资产负债率（lev）与债务融资成本 debtcost1、debtcost2 均显著正相关，表明企业的资产负债率越高，企业风险越高，债务融资成本较高，这与 Petersen 和 Rajan（1994）的研究结果一致。总资产净利润率（roa）与债务融资成本 debtcost1、debtcost2 均显著负相关，表明企业的盈利能力越高，债务融资成本越低。

表6-5 合并报表放大效应与债务融资成本：总资产放大率

variables	debtcost1	debtcost2
	（1）	（2）
magnification4	-0.002**	-0.002**
	(-2.410)	(-2.336)
lna_p	-0.002	-0.002*
	(-1.582)	(-1.885)
lev	0.024***	0.016***
	(3.325)	(2.610)
roa	-0.035*	-0.034*
	(-1.675)	(-1.758)
growa	-0.011	-0.011*
	(-1.597)	(-1.939)
top1	-0.000	-0.000
	(-0.014)	(-0.504)
independence	-0.000	-0.000
	(-0.591)	(-0.549)
soe	-0.006*	-0.005*
	(-1.850)	(-1.753)
marketization	-0.001	-0.001
	(-1.237)	(-0.811)
lnsalary	-0.001	-0.002
	(-0.461)	(-0.738)
listage	0.000	-0.000
	(0.950)	(-0.158)
big4	0.001	-0.001
	(0.171)	(-0.161)
constant	0.100***	0.110***
	(2.972)	(3.395)
year	yes	yes
industry	yes	yes
observations	941	941
Adjust R^2	0.324	0.392

注：括号中为经过 cluster 调整后的 t 值，***、**、*分别表示在1%、5%和10%水平上显著。

6.5.2　改变债务融资成本度量方式

（1）中位数调整的债务融资成本。为增强研究结论的稳健性，改变债务融资成本的衡量方式，通过中位数调整的债务融资成本 debtcost1_D1、debtcost2_D1 衡量企业的债务融资成本。其中，debtcost1_D1 为虚拟变量，企业财务费用比企业期末总负债 debtcost1 高于中位数取值为 1，否则为 0；debtcost2_D1 为虚拟变量，企业利息支出比企业期末总负债 debtcost2 高于中位数取值为 1，否则为 0。

表 6-6 给出合并报表放大效应与债务融资成本的 OLS 回归结果。由列（1）可知，magnification1 与 debtcost1_D1 显著负相关，这表明合并报表放大率负向影响债务融资成本，公司合并报表的放大效应越大，债务融资成本越低，再次支持假设 1a。合并报表放大效应的存在虽然导致了合并报表资产负债率的提高，但是由于收入规模、资产规模、主营业务利润、利润总额、净利润等项目均被放大，所以债权人认为企业风险较低，愿意给予其较低的贷款利率。由列（2）可知，magnification4 与 debtcost1_D1 在 5% 水平上显著负相关，这表明总资产放大率负向影响债务融资成本，公司合并报表的放大效应越大，债务融资成本越低，再次验证假设 1a。由列（3）可知，magnification1 与 debtcost2_D1 显著负相关，这表明合并报表放大率负向影响债务融资成本，公司的放大效应越大，债务融资成本越低，再次支持假设 1a。由列（4）可知，magnification4 与 debtcost2_D1 在 5% 水平上显著负相关，这表明总资产放大率负向影响债务融资成本，公司的放大效应越大，债务融资成本越低，再次验证假设 1a。

表 6-6　合并报表放大效应与债务融资成本：中位数调整债务融资成本

variables	debtcost1_D1		debtcost2_D1	
	（1）	（2）	（3）	（4）
magnification1	−1.783* （−1.813）		−1.876* （−1.890）	

续表

variables	debtcost1_D1		debtcost2_D1	
	(1)	(2)	(3)	(4)
magnification4		−0.322**		−0.387**
		(−2.017)		(−2.279)
lna_p	−0.730***	−0.726***	−0.647***	−0.649***
	(−3.190)	(−3.120)	(−2.991)	(−2.952)
lev	4.784***	5.141***	4.488***	4.997***
	(3.546)	(3.627)	(3.549)	(3.752)
roa	2.689	3.120	2.983	3.503
	(0.925)	(1.085)	(0.941)	(1.108)
growa	−2.258***	−2.313***	−2.680***	−2.728***
	(−2.758)	(−2.785)	(−3.286)	(−3.291)
top1	0.010	0.012	0.010	0.013
	(0.551)	(0.663)	(0.576)	(0.712)
independence	−0.017	−0.019	−0.028	−0.030
	(−0.633)	(−0.671)	(−1.033)	(−1.047)
soe	−0.511	−0.489	−0.170	−0.144
	(−0.968)	(−0.919)	(−0.329)	(−0.278)
marketization	−0.177	−0.168	−0.145	−0.135
	(−1.307)	(−1.195)	(−1.154)	(−1.043)
lnsalary	−0.360	−0.368	−0.348	−0.350
	(−1.065)	(−1.064)	(−1.030)	(−1.020)
listage	0.067	0.066	0.044	0.043
	(1.451)	(1.402)	(0.953)	(0.905)
big4	−0.150	−0.216	−0.300	−0.381
	(−0.147)	(−0.211)	(−0.296)	(−0.372)
constant	17.758***	17.704***	16.791***	16.694***
	(3.526)	(3.442)	(3.243)	(3.207)
year	yes	yes	yes	yes
industry	yes	yes	yes	yes
observations	924	922	924	922
Pseudo R^2	0.410	0.411	0.345	0.348

注：括号中为经过 cluster 调整后的 t 值，***、**、*分别表示在1%、5%和10%水平上显著。

投资企业的规模（lna_p）与债务融资成本 debtcost1_D1、debtcost2_D1 均显著负相关，表明企业的规模越大，债权人认为其违约风险越低，使企业的债务融资成本较低，这与 Carey、Prowse 和 Rea 等（1993），Petersen 和 Rajan（1994），Pittman 和 Fortin（2004）的研究结果一致。投资企业的资产负债率（lev）与债务融资成本 debtcost1_D1、debtcost2_D1 均显著正相关，表明企业的资产负债率越高，企业风险越高，债务融资成本较高，这与 Petersen 和 Rajan（1994）的研究结果一致。资产增长率（growa）与债务融资成本 debtcost1_D1、debtcost2_D1 均显著负相关，表明企业的成长性越好，债务融资成本越低，与陈汉文和周中胜（2014）的研究结果一致。

（2）行业中位数调整的债务融资成本。为增强研究结论的稳健性，改变债务融资成本的衡量方式，通过行业中位数调整的债务融资成本 debtcost1_D2、debtcost2_D2 衡量企业的债务融资成本。其中，debtcost1_D2 为虚拟变量，企业财务费用比企业期末总负债 debtcost1 高于行业中位数取值为 1，否则为 0；debtcost2_D2 为虚拟变量，企业利息支出比企业期末总负债 debtcost2 高于行业中位数取值为 1，否则为 0。

表 6-7 给出合并报表放大效应与债务融资成本的 OLS 回归结果。由列（1）可知，magnification1 与 debtcost1_D2 显著负相关，这表明合并报表放大率负向影响债务融资成本，公司合并报表的放大效应越大，债务融资成本越低，再次支持假设 1a。合并报表放大效应的存在虽然导致了合并报表资产负债率的提高，但是由于收入规模、资产规模、主营业务利润、利润总额、净利润等项目均被放大，所以债权人认为企业风险较低，愿意给予其较低的贷款利率。由列（2）可知，magnification4 与 debtcost1_D2 显著负相关，这表明总资产放大率负向影响债务融资成本，公司合并报表的放大效应越大，债务融资成本越低，再次验证假设 1a。由列（3）可知，magnification1 与 debtcost2_D2 显著负相关，这表明合并报表放大率负向影响债务融资成本，公司合并报表的放大效应越大，债务融资成本越低，再次支持假设 1a。由列（4）可知，magnification4 与 debtcost2_D2 显著负相关，这表明总资产放大率负向影响债务融资成本，公司合并报表的放大效应越

大，债务融资成本越低，再次验证假设1a。

表6-7 合并报表放大效应与债务融资成本：行业中位数调整债务融资成本

variables	debtcost1_D1		debtcost2_D1	
	（1）	（2）	（3）	（4）
magnification1	-2.070*		-1.948*	
	（-1.852）		（-1.753）	
magnification4		-0.392*		-0.331*
		（-1.936）		（-1.958）
lna_p	-0.504**	-0.495**	-0.420**	-0.416**
	（-2.465）	（-2.438）	（-2.133）	（-2.123）
lev	2.885**	3.297***	2.596**	2.888**
	（2.371）	（2.590）	（2.411）	（2.523）
roa	0.604	0.932	-2.616	-2.382
	（0.185）	（0.277）	（-0.801）	（-0.715）
growa	-2.288***	-2.279***	-2.210***	-2.175***
	（-3.111）	（-3.018）	（-3.255）	（-3.150）
top1	0.002	0.004	-0.002	-0.001
	（0.137）	（0.243）	（-0.117）	（-0.031）
independence	-0.069**	-0.074**	-0.071**	-0.075**
	（-2.246）	（-2.343）	（-2.258）	（-2.312）
soe	-0.445	-0.403	-0.277	-0.233
	（-1.007）	（-0.914）	（-0.628）	（-0.526）
marketization	-0.120	-0.112	-0.100	-0.091
	（-0.977）	（-0.868）	（-0.839）	（-0.748）
lnsalary	-0.510	-0.526	-0.401	-0.414
	（-1.506）	（-1.550）	（-1.231）	（-1.257）
listage	0.093**	0.088*	0.058	0.054
	（2.047）	（1.929）	（1.335）	（1.208）
big4	-0.833	-0.875	-0.466	-0.544
	（-0.895）	（-0.946）	（-0.536）	（-0.611）
constant	18.677***	18.845***	16.315***	16.581***
	（3.779）	（3.764）	（3.356）	（3.397）

续表

variables	debtcost1_D1		debtcost2_D1	
	（1）	（2）	（3）	（4）
year	yes	yes	yes	yes
industry	yes	yes	yes	yes
observations	914	912	914	912
Pseudo R^2	0.333	0.335	0.329	0.330

注：括号中为经过 cluster 调整后的 t 值，＊＊＊、＊＊、＊分别表示在 1%、5% 和 10% 水平上显著。

投资企业的规模（lna_p）与债务融资成本 debtcost1_D2、debtcost2_D2 均显著负相关，表明企业规模越大，债权人认为其违约风险越低，使企业的债务融资成本较低，这与 Carey、Prowse 和 Rea 等（1993），Petersen 和 Rajan（1994），Pittman 和 Fortin（2004）的研究结果一致。投资企业的资产负债率（lev）与债务融资成本 debtcost1_D2、debtcost2_D2 均显著正相关，表明企业的资产负债率越高，企业风险越高，债务融资成本较高，这与 Petersen 和 Rajan（1994）的研究结果一致。资产增长率（growa）与债务融资成本 debtcost1_D2、debtcost2_D2 均显著负相关，表明企业的成长性越好，债务融资成本越低，这与陈汉文和周中胜（2014）的研究结果一致。

（3）利息支出比长短期债务总额衡量债务融资成本。为增强研究结论的稳健性，改变债务融资成本的衡量方式，将中位数调整的债务融资成本（debtcost3_D1）定义为：利息支出比长短期债务总额高于中位数取值为 1，否则为 0。其中，长短期债务总额为一年内到期的非流动负债、短期借款、应付债券、长期借款、长期应付款以及其他非流动负债的加总额。将行业中位数调整的债务融资成本 debtcost3_D2 定义为：利息支出比长短期债务总额高于行业中位数取值为 1，否则为 0。

表 6-8 给出合并报表放大效应与债务融资成本的 OLS 回归结果。由列（1）可知，magnification1 与 debtcost3_D1 显著负相关，这表明合并报表放大率负向影响债务融资成本，公司合并报表的放大效应越大，债务融资成本越低，再次支持

假设1a。合并报表放大效应的存在虽然导致了合并报表资产负债率的提高，但是由于收入规模、资产规模、主营业务利润、利润总额、净利润等项目均被放大，所以债权人认为企业风险较低，愿意给予其较低的贷款利率。由列（2）可知，magnification1 与 debtcost3_ D2 显著负相关，这表明总资产放大率负向影响债务融资成本，公司合并报表的放大效应越大，债务融资成本越低，再次验证假设1a。

表6-8　合并报表放大效应与债务融资成本：利息支出比长短期债务总额

variables	debtcost3_ D1	debtcost3_ D2
	（1）	（2）
magnification1	－ 2. 095 *	－ 2. 157 *
	（－ 1. 756）	（－ 1. 684）
lna_ p	－ 0. 755 ***	－ 0. 680 ***
	（－ 3. 651）	（－ 3. 303）
lev	4. 308 ***	3. 978 ***
	（3. 202）	（3. 012）
roa	4. 024	2. 802
	（1. 391）	（0. 920）
growa	－ 1. 596 **	－ 1. 590 **
	（－ 2. 085）	（－ 2. 005）
top1	0. 030 *	0. 020
	（1. 765）	（1. 131）
independence	－ 0. 001	－ 0. 013
	（－ 0. 021）	（－ 0. 370）
soe	－ 0. 697 *	－ 0. 560
	（－ 1. 754）	（－ 1. 501）
marketization	－ 0. 204 *	－ 0. 161
	（－ 1. 696）	（－ 1. 236）
lnsalary	－ 0. 283	－ 0. 466
	（－ 1. 006）	（－ 1. 611）
listage	0. 038	0. 035
	（1. 025）	（0. 918）

variables	debtcost3_D1	debtcost3_D2
	(1)	(2)
big4	1.121	1.126
	(1.644)	(1.611)
constant	17.199***	19.357***
	(3.441)	(3.838)
year	yes	yes
industry	yes	yes
observations	924	924
Pseudo R^2	0.283	0.279

注：括号中为经过 cluster 调整后的 t 值，***、**、* 分别表示在 1%、5% 和 10% 水平上显著。

投资企业的规模（lna_p）与债务融资成本 debtcost3_D1、debtcost3_D2 均显著负相关，表明企业规模越大，债权人认为其违约风险越低，使企业的债务融资成本较低，这与 Carey、Prowse 和 Rea 等（1993），Petersen 和 Rajan（1994），Pittman 和 Fortin（2004）的研究结果一致。投资企业的资产负债率（lev）与债务融资成本 debtcost3_D1、debtcost3_D2 均显著正相关，表明企业的资产负债率越高，企业风险越高，债务融资成本较高，这与 Petersen 和 Rajan（1994）的研究结果一致。资产增长率（growa）与债务融资成本 debtcost3_D1、debtcost3_D2 均显著负相关，表明企业的成长性越好，债务融资成本越低，这与陈汉文和周中胜（2014）的研究结果一致。

6.5.3 固定效应检验

为解决内生性问题，我们采用固定效应检验。表 6 - 9 给出合并报表放大效应对债务融资成本影响的固定效应检验回归结果。由列（1）可知，magnification1 与 debtcost1 在 1% 水平上显著负相关，这表明在其他条件一定的情况下，公司合并报表的放大效应越大，债务融资成本越低，再次佐证假设 1a。由列（2）可知，magnification4 与 debtcost1 显著负相关，这表明在其他条件一定的情况下，公司合并报表的放大效应越大，债务融资成本越低，再次支持了假设 1a。由列（3）可知，magnification1 与 debtcost2 在 1% 水平上显著负相关，这表明在其他条件一定的情况下，公司合并报表的放大效应越大，债务融资成本越低，再次佐证假设 1a。由列（4）可知，magnification4 与 debtcost2 显著负相关，这表明在其他条件一定的情况下，公司合并报表的放大效应越大，债务融资成本越低，再次支持了假设 1a。合并报表放大效应的存在虽然导致了合并报表资产负债率的提高，但是由于收入规模、资产规模、主营业务利润、利润总额、净利润等项目均被放大，所以债权人认为企业风险较低，愿意给予其较低的贷款利率。

表 6 - 9   合并报表放大效应与债务融资成本：固定效应检验

variables	debtcost1		debtcost2	
	（1）	（2）	（3）	（4）
magnification1	- 0.052 ***		- 0.050 ***	
	（- 3.353）		（- 3.443）	
magnification4		- 0.008 *		- 0.010 **
		（- 1.675）		（- 2.021）
lna_p	- 0.006	0.003	- 0.005	0.004
	（- 1.324）	（0.582）	（- 1.222）	（0.683）
lev	0.015	0.017	0.009	0.012
	（1.202）	（1.139）	（0.737）	（0.844）
roa	- 0.025	- 0.006	- 0.035 *	- 0.014
	（- 1.301）	（- 0.274）	（- 1.683）	（- 0.587）
growa	- 0.017 **	- 0.011 *	- 0.014 **	- 0.008
	（- 2.561）	（- 1.885）	（- 2.184）	（- 1.443）
top1	- 0.000	- 0.000	- 0.000	- 0.000
	（- 0.475）	（- 0.793）	（- 0.096）	（- 0.432）
independence	0.000	- 0.000	0.000	0.000
	（0.187）	（- 0.146）	（0.709）	（0.374）
soe	0.001	0.002	0.001	0.001
	（0.783）	（1.061）	（0.321）	（0.582）

variables	debtcost1		debtcost2	
	（1）	（2）	（3）	（4）
marketization	0.000	0.002	-0.001	0.000
	(0.099)	(0.606)	(-0.403)	(0.176)
lnsalary	0.001	0.000	-0.000	-0.001
	(0.256)	(0.136)	(-0.146)	(-0.223)
listage	0.013**	-0.003	0.013**	-0.002
	(2.141)	(-0.404)	(2.317)	(-0.322)
big4	-0.010**	-0.005	-0.010***	-0.007
	(-2.582)	(-1.147)	(-2.864)	(-1.530)
constant	-0.032	-0.017	-0.035	-0.023
	(-0.849)	(-0.407)	(-1.065)	(-0.613)
year	yes	yes	yes	yes
industry	yes	yes	yes	yes
observations	941	941	941	941
Adjust R^2	0.261	0.208	0.221	0.163

注：括号中为经过 cluster 调整后的 t 值，***、**、*分别表示在1%、5%和10%水平上显著。

6.6 进一步分析

6.6.1 合并报表放大效应对债务融资成本的影响路径研究：企业信息风险

合并报表会计信息向企业外部利益相关者传递出关于企业财务状况、经营成果和现金流量的重要信息，是银行等债权人识别、控制债务风险的重要依据（黎来芳等，2018）。合并报表放大效应的存在对企业的资产、收入、主营业务利润、营业利润、利润总额和净利润等项目均产生了放大，向债权人提供了更详细的信息，降低了债权人和企业的信息不对称，降低了企业的信息风险，进而降低银行等债权人对企业债务风险的识别和评定。即合并报表放大效应通过降低企业信息风险降低企业的债务融资成本。

为检验合并报表放大效应与盈余管理的关系，构建模型（6-2）。其中，盈余管理｜DA｜根据业绩调整的 Jones 模型计算得出，参考翟胜宝等（2017）。模型（6-2）各变量的具体定义如表6-1所示。

$$|DA|_{i,t} = \beta_0 + \beta_1 magnification_{i,t} + \beta_2 lna\_p_{i,t} + \beta_3 lev_{i,t} + \beta_4 cfo_{i,t} +$$
$$\beta_5 salary_{i,t} + \beta_6 growth_{i,t} + \beta_7 top1_{i,t} + \beta_8 big4_{i,t} + \beta_9 board_{i,t} +$$
$$\beta_{10} independence_{i,t} + \beta_{11} dual_{i,t} + \beta_{12} listage_{i,t} + \beta_{13} sd\_roa_{i,t} +$$
$$\beta_{14} btm_{i,t} + \beta_{15} exsalary_{i,t} + \sum industry + \sum year + \varphi_{it} \quad (6-2)$$

表6-10给出合并报表放大效应对盈余管理影响的 OLS 回归结果。由列（1）可知，合并报表放大率（magnification1）与｜DA｜在5%水平上显著负相关，这表明在其他条件一定的情况下，公司合并报表的放大效应越大，企业的盈余管理程度越低。合并报表放大效应降低了企业的信息风险。由列（2）可知，净利润放大率（magnification2）与｜DA｜在5%水平上显著负相关，这表明在其他条件一定的情况下，公司合并报表的放大效应越大，企业的盈余管理程度越低。合并报表放大效应降低了企业的信息风险。由列（3）可知，利润总额放大率（magnification3）与｜DA｜在5%水平上显著负相关，这表明在其他条件一定的情况下，公司合并报表的放大效应越大，企业的盈余管理程度越低。合并报表放大效应降低了企业的信息风险。由列（4）可知，总资产放大率（magnification4）与｜DA｜显著负相关，这表明在其他条件一定的情况下，公司合并报表的放大效应越大，企业的盈余管理程度越低。合并报表放大效应降低了企业的信息风险。

表6-10　合并报表放大效应与盈余管理

variables	｜DA｜			
	（1）	（2）	（3）	（4）
magnification1	-0.054** （-2.217）			

续表

variables		DA		
	(1)	(2)	(3)	(4)
magnification2		-0.001**		
		(-2.343)		
magnification3			-0.001**	
			(-2.216)	
magnification4				-0.007*
				(-1.966)
lna_p	-0.008**	-0.007**	-0.007**	-0.007**
	(-2.581)	(-2.266)	(-2.288)	(-2.327)
lev	-0.017	-0.020	-0.020	-0.016
	(-0.974)	(-1.092)	(-1.078)	(-0.896)
cfo	0.140**	0.120*	0.120*	0.130*
	(2.089)	(1.831)	(1.836)	(1.960)
salary	-4.906	-1.610	-2.157	-1.970
	(-0.350)	(-0.121)	(-0.163)	(-0.144)
growth	0.024*	0.024*	0.025*	0.025*
	(1.747)	(1.772)	(1.828)	(1.726)
top1	-0.000	-0.000	-0.000	-0.000
	(-0.671)	(-0.603)	(-0.606)	(-0.450)
big4	0.008	0.008	0.008	0.007
	(0.960)	(0.880)	(0.889)	(0.801)
board	0.003*	0.003**	0.003**	0.003**
	(1.880)	(2.067)	(2.014)	(2.152)
independence	-0.061	-0.058	-0.060	-0.065
	(-1.129)	(-1.078)	(-1.116)	(-1.209)
dual	0.002	0.002	0.002	0.003
	(0.211)	(0.243)	(0.233)	(0.391)
listage	0.000	-0.000	-0.000	-0.000
	(0.054)	(-0.078)	(-0.065)	(-0.022)
sd_roa	0.163**	0.187**	0.183**	0.171**
	(2.431)	(2.587)	(2.543)	(2.404)

variables		DA			
	（1）	（2）	（3）	（4）
btm	0.006 *	0.003	0.004	0.006
	（1.791）	（1.214）	（1.234）	（1.540）
exsalary	−0.011	−0.011	−0.011	−0.012 *
	（−1.577）	（−1.583）	（−1.588）	（−1.699）
constant	0.252 ***	0.228 ***	0.233 ***	0.234 ***
	（3.152）	（3.095）	（3.135）	（3.096）
year	yes	yes	yes	yes
industry	yes	yes	yes	yes
observations	869	869	869	869
Adjust R^2	0.257	0.252	0.253	0.252

注：括号中为经过 cluster 调整后的 t 值，***、**、* 分别表示在 1%、5% 和 10% 水平上显著。

6.6.2 四大审计的调节作用

那么，在不同外部监督情况下，合并报表放大效应对公司债务融资成本的影响是否存在差异？为了回答这个问题，我们参考姜付秀等（2016）文献观点，使用会计师事务所规模作为外部监督的衡量指标，并构建模型（6-3），以检验合并报表放大效应、外部监督与债务融资成本的关系。模型（6-3）中各变量的具体定义如表 6-1 所示。

$$
\begin{aligned}
debtcost_{i,t} = {}& \mu_0 + \mu_1 magnification1_{i,t} + \mu_2 magnification1_{i,t} \times big4_{i,t} + \\
& \mu_3 big4_{i,t} + \mu_4 lna\_p_{i,t} + \mu_5 lev_{i,t} + \mu_6 roa_{i,t} + \mu_7 growa_{i,t} + \\
& \mu_8 top1_{i,t} + \mu_9 independence_{i,t} + \mu_{10} soe_{i,t} + \mu_{11} marketization_{i,t} + \\
& \mu_{12} lnsalary_{i,t} + \mu_{13} listage_{i,t} + \sum industry + \sum year + \sigma_{it}
\end{aligned}
$$

$$(6-3)$$

表 6-11 给出合并报表放大效应、四大审计与债务融资成本的 OLS 回归结果。由列（1）可知，magnification1 × big4 与 debtcost1 显著负相关，表明在四大

会计师事务所审计的企业中，合并报表放大效应对于降低企业债务融资成本的影响更为显著，即合并报表放大效应对于企业债务融资成本的降低，在外部监督强的企业中表现更为显著。四大审计并未识别合并报表放大效应对债权人的影响，从这个意义上讲，四大审计并未发挥其应有的监督作用。由列（2）可知，magnification1 × big4 与 debtcost2 显著负相关，表明在四大会计师事务所审计的企业中，合并报表放大效应对于降低企业债务融资成本的影响更为显著，即在外部监督作用强的企业中，合并报表放大效应对于降低企业债务融资成本的影响更为显著。四大审计并未识别合并报表放大效应对债权人的影响，从这个意义上讲，四大审计并未发挥其应有的监督作用。

表 6 - 11　合并报表放大效应、四大审计与债务融资成本

variables	debtcost1	debtcost2
	（1）	（2）
magnification1	- 0.016 *	- 0.018 **
	（- 1.913）	（- 2.429）
magnification1 × big4	- 0.067 **	- 0.050 *
	（- 2.452）	（- 1.677）
big4	0.010	0.006
	（1.575）	（0.914）
lna_ p	- 0.002 *	- 0.002 **
	（- 1.681）	（- 2.144）
lev	0.026 ***	0.018 ***
	（3.724）	（3.144）
roa	- 0.037 *	- 0.035 *
	（- 1.830）	（- 1.864）
growa	- 0.012 *	- 0.012 **
	（- 1.707）	（- 2.081）
top1	- 0.000	- 0.000
	（- 0.330）	（- 0.786）
independence	- 0.000	- 0.000
	（- 0.767）	（- 0.723）

variables	debtcost1	debtcost2
	(1)	(2)
soe	−0.006*	−0.005*
	(−1.881)	(−1.923)
marketization	−0.001	−0.001
	(−1.135)	(−0.749)
lnsalary	−0.001	−0.001
	(−0.356)	(−0.616)
listage	0.000	−0.000
	(0.651)	(−0.466)
constant	0.095***	0.104***
	(3.036)	(3.507)
year	yes	yes
industry	yes	yes
observations	941	941
Adjust R^2	0.341	0.416

注：括号中为经过 cluster 调整后的 t 值，***、**、*分别表示在1%、5%和10%水平上显著。

6.7　本章小结

本章研究了合并报表放大效应对债务融资成本的影响，并对两者关系的作用机理进行了剖析，提供了可信的经验证据。研究发现，在其他条件一定的情况下，公司的合并报表放大效应越大，债务融资成本越低。从作用机制上看，合并报表放大效应降低了企业的盈余管理程度，这表明合并报表放大效应通过降低企业信息风险来影响债务融资成本。此外，研究还发现，在四大会计师事务所审计的企业，即外部监督作用强的企业中，合并财务报表放大效应对于降低企业债务融资成本的影响更为显著。四大审计并未识别合并报表放大效应对债权人的影响，从这个意义上讲，四大审计并未发挥其应有的监督作用。

合并报表会产生放大效应。合并报表的放大效应会加剧企业的代理冲突，增加代理成本，管理层可以通过各种机会主义行为实现自身利益最大化，如债务融资成本的降低。本章研究表明，合并报表的放大效应会降低企业的债务融资成本，支持了这一论断。

本章研究了合并报表放大效应对债务融资成本的影响，丰富了会计准则对债务融资成本影响的研究，对深入理解会计准则影响中国企业管理以及我国经济发展具有重大意义。本章的研究表明，债权人可能没有识别合并报表对企业财务数据的影响，可能在做出贷款决策时认可了合并报表的放大效应，这一研究结论对优化银行贷款决策具有重要的启示作用。本章的研究还发现，四大审计并未识别合并报表的放大效应对债权人的影响，从这个意义上讲，四大审计并未发挥其应有的监督作用。这表明在我国公司治理不够完善的情况下，优化合并报表准则是增强会计信息可靠性和相关性的一个可能思路。

7 研究结论与建议

7.1 主要研究结论

本书试图对合并报表的放大效应及其导致的经济后果进行系统梳理和深入剖析，并结合合并报表会计准则中并表范围确定标准的变迁，综合运用理论分析和实证检验等研究方法，探讨合并报表的放大效应问题。首先，梳理了合并报表会计准则并表范围确定标准的演变历程和合并报表会计处理规则演变的理论依据。其次，对合并报表放大效应的界定和指标构建进行详细解释，实证检验企业管理层对合并报表并表范围的操纵问题。最后，剖析合并报表放大效应导致的经济后果问题，实证检验合并报表放大效应对高管薪酬、债务融资成本的影响。在理论分析和实证检验的基础上，形成如下研究结论：

第一，合并报表会产生放大效应，在基于控制标准确定并表范围的会计处理规则下，合并报表的放大效应更大。

第二，以控制标准确定并表范围的会计处理规则下，企业管理层存在操控合并报表并表范围的行为。研究表明，在其他条件一定的情况下，有做大动机的企业更倾向于将被投资企业纳入合并范围；与非国有企业相比，有做大动机的国有企业更倾向于将被投资企业纳入合并范围；在其他条件一定的情况下，有做大动机的企业更倾向于将少数股东持股比例高的被投资企业纳入合并范围。进一步分析表明，在其他条件不变的情况下，企业更倾向于将资产负债率低的企业纳入合并范围；资产负债率高的企业更倾向于并入资产负债率低的企业；与非国有企业相比，国有企业更倾向于并入资产负债率高的企业。在其他条件不变的情况下，企业更倾向于将销售净利率高的企业纳入合并范围；销售净利率低的企业更倾向于并入销售净利率高的企业；与非国有企业相比，国有企业更倾向于并入销售净利率低的企业。且与非国有企业相比，国有企业更倾向于并表。以控制标准确定并表范围的会计处理规则下，企业管理层可以通过操控并表范围以实现自身利益最大化。由于国有企业具有提高公司业绩的显性要求，这种情况在国有企业中更为显著。此外，与非国有企业相比，国有企业做大动机相对较高，隐藏负债的动机相对较低。

第三，合并报表放大效应越大，企业的会计利润、收入规模被放大得越多，管理层薪酬受会计利润、收入等项目的正向影响，从而使管理层薪酬越高。因此，在其他条件一定的情况下，公司的合并报表放大效应越大，管理层薪酬越高。此外，在其他条件一定的情况下，公司的合并报表放大效应越大，超额管理薪酬越高。合并报表放大效应会加剧企业的代理冲突，增加代理成本，管理层可以通过各种机会主义行为实现自身利益最大化，如高管薪酬的提高。

第四，合并报表放大效应的存在对企业的资产规模、收入规模、主营业务利润、营业利润、利润总额、净利润等项目均产生了放大。合并报表数据向银行等债权人提供了更加详细的债务人财务信息，降低了银行等债权人与债务企业的信息不对称程度，进而使债务企业的信息风险降低，从而降低债权人对公司债务风险的评定等级。此外，合并报表放大效应降低了企业的盈余管理程度，这表明合并报表放大效应通过降低企业信息风险来影响债务融资成本。由上可知，在其他条件一定的情况下，公司的合并报表放大效应越大，债务融资成本越低。进一步研究发现，在四大会计师事务所审计的企业，即在外部监督作用强的企业中，合并财务报表放大效应对于降低企业债务融资成本的影响更为显著。四大审计并未识别合并报表放大效应对债权人的影响，从这个意义上讲，四大审计并未发挥其应有的监督作用。

7.2 合并报表会计准则优化建议

7.2.1 引入比例合并法合并报表

鉴于在当前环境下企业之间的股权联系日益紧密，合并报表的运用具有其合理性。单纯依靠母公司个别财务报表，难以做到准确、真实、完整地反映企业的经营成果、财务状况与现金流量情况，建议引入比例合并法合并财务报表，降低完全合并法合并财务报表的地位。

具体从形式上看：第一，区分辅助财务报表与基本财务报表，以合并报表为辅助财务报表，将合并报表作为股票买卖决策与股票市场分析的参考，强调其估值的有用性；以母公司财务报表为基本财务报表，将母公司财务报表作为企业契约管理的基础，强调其契约的有用性。第二，合并财务报表按两种口径编制：区分比例合并法合并财务报表和完全合并法合并财务报表。因此，对于有子公司的企业来说，其通用财务报告包括三套财务报表：母公司个别财务报表、比例合并法合并财务报表和完全合并法合并财务报表。第三，明确财务报表的表内与表外分工。基本财务报表的表内采用历史成本模式，表外披露重要资产与负债项目的现时价值信息。

（1）母公司个别财务报表。母公司个别财务报表属于基本财务报表，承担着通用财务报告的基本功能和核心功能，采用比较严格的历史成本模式，遵循收益实现原则。它是一套真正基于已经实际发生的交易和其他事项的、具有很高的可靠性、可验证性的财务报表，是最能体现"通用性特征"的财务报表。它着眼于"法律维度"或"契约维度"。在母公司个别财务报表上，无论是对子公司投资还是对合营企业、联营企业的投资，一律采用成本法。母公司个别财务报表作为基本财务报表，其表外的附注中或附表中可以披露重要资产和负债项目的现时价值数据，供使用者参考。

（2）比例合并法合并报表。即采用比例合并法编制的合并报表。该套财务报表数据着眼于"经济维度"，部分突破法律主体的界限，但是遵循"安分守己"原则，只合并属于自己的"份额"。比例合并法下对联营企业的投资采用权益法，将合营企业纳入合并报表的并表范围，对合营企业采用比例合并法合并。比例合并法合并财务报表对母公司个别财务报表具有重要的补充作用，在很多情况下，对企业的考核和评价可以此为依据。

（3）完全合并法合并报表。即采用完全合并法编制的合并报表。该套财务报表数据着眼于"经济维度"，完全突破法律主体的界限，可以供使用者用来分析判断母公司的经济影响力，但是原则上只能作为企业考核和评价的参考，而不宜作为考核和评价的重要依据。而且，在完全合并法合并报表上可以较多地运用公允价值计量和资产减值会计程序，以服务于财务报表使用者的估值需求；可以只要求注册会计师对母公司财务报表发表审计意见，对合并报表的审计不做要求。此外，为避免超分配的情况，《中华人民共和国公司法》（以下简称《公司法》）可以更多地限制企业的利润分配，如增加对风险准备的计提，以达到以丰补歉的效果。企业为达到监管规则的要求，同时防范自身风险过高，需在《公司法》规定的法定盈余公积的基础上，结合自身的实际情况，依照更高的标准从利润分配中充分计提风险准备。

上述关于通用财务报告体系的优化方案，体现了母公司报表与合并财务报表相互补充的特点。其优点主要有：第一，可以较好地兼顾不同的信息需求。可以确保整个财务报告中具有一套可靠性高、公信力强的财务报表，可以在有效地维护通用财务报告的基本功能和核心功能的前提下，更好地兼顾不同使用者的不同需求，从而提高财务报告信息满足使用者需求的程度。第二，可以有效地压缩管理当局利用合并财务报表操控财务信息的空间，抑制操控财务报表的行为。有助于财务报表维护经济秩序功能的实现，有助于维护企业各利益相关者的利益。第三，基于企业自身视角，能够降低企业纳税成本；基于全社会的视角，有利于税收监管效率的提高，有利于税收征管成本的降低。第四，可操作性强。在现有的技术条件下，不存在任何操作上的困难。其缺点是可能会增加企业财务报告编制的工作量和成本，但是这种工作量和成本负担的增加幅度并不大，因而完全符合成本效益原则。

坚持以历史成本计量模式为主，保证公司财务数据的公信力与可验证性有助于注册会计师的审计，有助于协调公司法、税收法规与会计准则之间的关系。为兼顾其他方面对财务数据的需求，可以将公允价值信息与资产减值信息等以辅助信息的形式对外披露。

随着资本市场的快速发展、企业经营环境的不断变化，外界对财务报告的需求与要求不断提高。为顺应这种需求与要求的变化，企业对外财务报告的披露模式可能需要进行适当的优化，但是，如何优化是一个难题。本书主张，不应以决策有用的财务报告目标替代受托责任目标，而应在反映受托责任履行情况的前提下，补充提供其他方面的决策有用信息。具体表现在：不应以合并财务报表替代母公司个别财务报表，而应以合并财务报表作为母公司个别财务报表的补充；不应以公允价值计量替代历史成本计量，而应以重要项目的公允价值信息作为历史成本财务报表信息的补充。

7.2.2 合并利润表的净利润口径回归"母公司理论"

考虑到由现行合并报表编制规则直接过渡到上述三套报表体系跨度太大，如果保持现行合并报表的编制规则，本书建议合并利润表的净利润口径回归"母公司理论"，也就是说基于母公司理论确定合并净利润的口径。这样有助于抑制管理当局利用合并报表操控利润的动机，更有助于避免对一般财务报表使用者的"误导"，还有助于引导各利益相关者聚焦"归属于母公司股东的净利润"。虽然现行会计准则依据实体理论确定"全口径"的合并净利润之后，要将其分解为少数股东损益和"归属于母公司股东的净利润"，但在财务报表使用者中，非专业人士对"归属于母公司股东的净利润"往往关注不够。总之，基于母公司理论确定合并净利润的口径，最大的好处是其有助于抑制对合并报表地位的人为拔高。而且，如果非要关注所谓集团的全口径的合并净利润，那么无论从统计的角度看，还是从财务报表分析的角度看都是很方便的：将净利润加上"少数股东损益"即可，因而不会影响"全口径"信息的提供。

7.2.3 考核评价指标避免过分依赖合并报表数据

有关方面要深刻认识合并报表的本质特征，避免盲目依靠合并报表数据，避免人为拔高合并报表的地位。考核评价时，避免过分依赖合并报表数据。重置合并报表的地位，避免合并报表"德不配位"的窘境。将合并报表作为辅助财务报表，作为一种"财务统计"的口径，权益法则是另一种"财务统计"的口径。未来，企业对外财务报告采用多口径的财务报告披露模式应该是发展的基本趋势。在多口径的财务报告披露模式下，以基于法律事实的母公司个别财务报表为核心，为基本财务报表，其他口径的财务报表则为辅助财务报表。

7.3 研究局限与未来研究方向

（1）研究局限。本书系统分析与梳理了合并报表放大效应的逻辑基础以及理论依据，对合并报表准则中并表范围确定标准的变迁进行了较为详细的说明，在此基础上，讨论了合并报表放大效应及其经济后果，并给出了相关的经验证据。但是本书依然存在局限性和一些未解决的问题，下面从以下三个方面进行具体说明：

第一，在理论分析上，本书梳理了合并报表准则中并表范围确定标准的变迁，分析了重要利益相关者对合并报表地位的认可，并基于财务报表目标与合并报表本身的特征讨论了合并报表放大效应的逻辑基础，但研究的理论分析还不够完善，对财务报表目标与合并报表放大效应的关系以及合并报表自身的特征与合并报表放大效应的关系的分析还不够全面与深入，对我国与国际上的合并报表准则中并表范围确定标准的分析需要更加全面和完善。

第二，在实证检验方面，本书主要从合并报表并表范围操纵和合并报表放大效应的经济后果的角度提出理论假说和进行实证检验，在合并报表放大效应的经济后果研究方面，本书仅选取企业高管薪酬、债务融资成本两个方面进行研究，对合并报表放大效应的经济后果的研究还不够全面，需要在后续研究中进一步扩展。此外，本书选取 2007～2017 年为样本区间，2014 年以后的样本区间，CS-MAR 数据库中的数据量变少。其原因为 2014 年以后被投资单位财务信息在年报中的披露位置发生了变化，由"长期股权投资附注"部分变更为"在其他主体中的权益"部分。因此，研究样本选择存在一定的不足之处。

第三，企业做大动机的度量。在整体上，国有企业的做大动机要比民营企业强。国资委对国有企业的持续的考核评价使国有企业具有"持续做大"的强烈动机，但是，做大动机的度量具有很大的难度。本书通过总经理变更来衡量企业做大动机，稳健性检验中通过总经理或董事长变更、与母公司相比并表使总资产在行业内的排名提前了多少、与母公司相比并表使总收入在行业内的排名提前了多少、资产平均增长率、营业收入平均增长率衡量企业做大动机。尽管如此，企业做大动机的衡量依然存在一定的局限性。

（2）未来的研究方向。第一，如何防范企业利用特殊目的主体掩盖风险是一个值得深入研究的难题。特殊目的主体的并表难题为什么难以找到有效的解决办法？该难题的性质是什么？是人为的难题，还是源于现实的难题？该难题的源头在哪儿？解决该难题如何进行综合施策？这些问题仍有待进一步研究。要解决这个难题，需要多方配合，辨证施治，综合治理。单靠会计准则的规定是无法解决这个难题的。虽然会计准则不具有这样强大的功能，但会计准则可以配合其他规则，对利益相关者的行为进行约束、引导。

第二，关于合并报表放大效应的理论研究，应深入探讨合并报表放大效应在实务应用与理论层面存在的问题，无论是财务信息披露方面还是会计处理方面。结合案例研究，针对投资企业对被投资企业的持股比例特别低，却将被投资企业纳入并表范围的情况，深入剖析投资企业并表的动机与导致的经济后果，全面分析审计师、国有资产管理部门、监管机构等有关方面对这种并表结果予以认可的深层次的原因与影响；针对投资企业对被投资企业的持股比例特别高，却将被投资企业排除在并表范围之外的情况，深入剖析投资企业的动机与经济后果。后续研究可以进一步丰富合并报表放大效应及其经济后果的案例分析。

第三，关于合并报表的放大效应与企业其他经济后果关系的研究。本书对合并报表放大效应的经济后果主要研究了合并报表的放大效应对企业高管薪酬、债务融资成本的影响，后续研究还可以关注合并报表的放大效应对企业并购、政府补助等方面的影响，以及合并报表的放大效应对企业并购、政府补助影响的作用机理研究。此外，由于财务报表长期股权投资项目报表附注对被投资单位信息披露较少，所以目前研究样本量偏少，后续研究可以使用非上市公司数据库增补样本。另外，我国合并财务报表有三个制度变迁，每一个改革的时间都是一个好的研究契机，现在仅仅基于最后一个实际控制来进行研究。后续可以基于制度变迁的视角研究制度变迁前后合并报表放大效应的不同及其影响。

第四，如何更好地完善合并报表会计准则及并表范围确定标准的制定，最大限度地降低企业利用合并报表的放大效应操控合并报表并表范围，以获取个人私利。由 3.2 实务状况部分可知，基于 CAS33（2014）确定合并报表并表范围的"控制"标准存在极大的操作弹性，财务报表编制者自由选择和职业判断的空间较大，导致我国房地产企业利用合并财务报表并表范围操纵利润的行为非常普遍，影响报表使用者的决策。因此，深入探讨合并报表准则中存在的问题，并提出应对措施和优化方案以完善合并报表准则及其使用是非常有必要的。

参考文献

［1］蔡贵龙，柳建华，马新啸．非国有股东治理与国企高管薪酬激励［J］．管理世界，2018，34（5）：137－149．

［2］陈汉文，周中胜．内部控制质量与企业债务融资成本［J］．南开管理评论，2014，17（3）：103－111．

［3］陈震，丁忠明．基于管理层权力理论的垄断企业高管薪酬研究［J］．中国工业经济，2011（9）：119－129．

［4］储一昀，林起联．合并会计报表的合并范围探析［J］．会计研究，2004（1）：54－59．

［5］戴德明，毛新述，姚淑瑜．合并报表与母公司报表的有用性：理论分析与经验检验［J］．会计研究，2006（10）：10－17．

［6］方军雄．我国上市公司高管的薪酬存在粘性吗？［J］．经济研究，2009，44（3）：110－124．

［7］傅颀，汪祥耀，路军．管理层权力、高管薪酬变动与公司并购行为分析［J］．会计研究，2014（11）：30－37．

［8］高梁．理直气壮地做大做强国有企业［J］．红旗文稿，2012（6）：4－7．

［9］顾小龙，施燕平，辛宇．风险承担与公司债券融资成本：基于信用评级的策略调整视角［J］．财经研究，2017，43（10）：134－145．

［10］韩亮亮，李凯，宋力．高管持股与企业价值——基于利益趋同效应与壕沟防守效应的经验研究［J］．南开管理评论，2006（4）：35－41．

［11］何力军．合并报表与母公司报表双重信息披露研究［D］．中国人民

大学博士学位论文，2013.

[12] 洪荭，胡华夏，郭春飞. 基于 GONE 理论的上市公司财务报告舞弊识别研究 [J]. 会计研究，2012（8）：84 - 90.

[13] 黄世忠，孟平. 合并会计报表若干理论问题探讨 [J]. 会计研究，2001（5）：18 - 22.

[14] 姜国华，李远鹏，牛建军. 我国会计准则和国际会计准则盈余报告差异及经济后果研究 [J]. 会计研究，2006（9）：27 - 34.

[15] 姜付秀，石贝贝，马云飙. 信息发布者的财务经历与企业融资约束 [J]. 经济研究，2016，51（6）：83 - 97.

[16] 姜付秀，朱冰，王运通. 国有企业的经理激励契约更不看重绩效吗？ [J]. 管理世界，2014（9）：143 - 159.

[17] 雷光勇，李帆，金鑫. 股权分置改革、经理薪酬与会计业绩敏感度 [J]. 中国会计评论，2010，8（1）：17 - 30.

[18] 黎来芳，张伟华，陆琪睿. 会计信息质量对民营企业债务融资方式的影响研究——基于货币政策的视角 [J]. 会计研究，2018（4）：66 - 72.

[19] 李晓强. 国际会计准则和中国会计准则下的价值相关性比较——来自会计盈余和净资产账面值的证据 [J]. 会计研究，2004（7）：15 - 23.

[20] 李阳. 合并财务报表信息契约有用性及经济后果研究 [D]. 中国人民大学博士学位论文，2015.

[21] 李增泉，辛显刚，于旭辉. 金融发展、债务融资约束与金字塔结构——来自民营企业集团的证据 [J]. 管理世界，2008（1）：123 - 135.

[22] 李政，杨思莹. 财政分权、政府创新偏好与区域创新效率 [J]. 管理世界，2018，34（12）：29 - 42.

[23] 林钟高，丁茂桓. 内部控制缺陷及其修复对企业债务融资成本的影响——基于内部控制监管制度变迁视角的实证研究 [J]. 会计研究，2017（4）：73 - 80.

[24] 刘浩，许楠，张然. 多业绩指标竞争与事前谈判：高管薪酬合约结构

的新视角〔J〕．管理世界，2014（6）：110－125.

〔25〕刘红艳，王海忠，郑毓煌．微小属性对品牌评价的放大效应〔J〕．中国工业经济，2008（12）：103－112.

〔26〕刘慧龙．控制链长度与公司高管薪酬契约〔J〕．管理世界，2017（3）：95－112.

〔27〕刘琳，郑建明．合并报表和母公司报表信息差异的决策有用性〔J〕．现代管理科学，2014（10）：93－95.

〔28〕陆正飞，张会丽．新会计准则下利润信息的合理使用——合并报表净利润与母公司报表净利润之选择〔J〕．会计研究，2010（4）：7－12.

〔29〕罗长林，王天宇．地根经济的微观基础：土地抵押贷款的杠杆放大效应研究〔J〕．财贸经济，2017，38（4）：54－70.

〔30〕马连福，王元芳，沈小秀．国有企业党组织治理、冗余雇员与高管薪酬契约〔J〕．管理世界，2013（5）：100－115.

〔31〕马寅初．财政学与中国财政：理论与现实〔M〕．北京：商务印书馆，1956.

〔32〕潘琰，陈凌云，林丽花．会计准则的信息含量：中国会计准则与 IFRS 之比较〔J〕．会计研究，2003（7）：7－15.

〔33〕綦好东．会计舞弊的经济解释〔J〕．会计研究，2002（8）：22－27.

〔34〕申香华．银行风险识别、政府财政补贴与企业债务融资成本——基于沪深两市 2007～2012 年公司数据的实证检验〔J〕．财贸经济，2014（9）：62－71.

〔35〕王鹏，陈武朝．合并财务报表的价值相关性研究〔J〕．会计研究，2009（5）：46－52.

〔36〕王霞．国际财务报告准则修订评析与前瞻——以金融工具、合并报表和收入准则为例〔J〕．会计研究，2012（4）：8－13.

〔37〕王晓梅．合并－母公司报表盈余信息决策有用性研究评述〔J〕．当代财经，2010（5）：125－129.

〔38〕王秀丽，张龙天，贺晓霞．基于合并报表与母公司报表的财务危机预

警效果比较研究［J］．会计研究，2017（6）：38－44.

［39］王彦超，姜国华，辛清泉．诉讼风险、法制环境与债务成本［J］．会计研究，2016（6）：30－37.

［40］王运通，姜付秀．多个大股东能否降低公司债务融资成本［J］．世界经济，2017，40（10）：119－143.

［41］魏刚．高级管理层激励与上市公司经营绩效［J］．经济研究，2000（3）：32－39.

［42］魏志华，王贞洁，吴育辉，李常青．金融生态环境、审计意见与债务融资成本［J］．审计研究，2012（3）：98－105.

［43］辛清泉，林斌，王彦超．政府控制、经理薪酬与资本投资［J］．经济研究，2007（8）：110－122.

［44］辛清泉，谭伟强．市场化改革、企业业绩与国有企业经理薪酬［J］．经济研究，2009，44（11）：68－81.

［45］辛贤，谭向勇．农产品价格的放大效应研究［J］．中国农村观察，2000（1）：52－57.

［46］余明桂，潘红波．政治关系、制度环境与民营企业银行贷款［J］．管理世界，2008（8）：9－21.

［47］袁蓉丽，李瑞敬，李百兴．董事高管责任保险与审计费用［J］．审计研究，2018（2）：55－63.

［48］翟进步，王玉涛，李丹．上市公司并购融资方式选择与并购绩效："功能锁定"视角［J］．中国工业经济，2011（12）：100－110.

［49］翟胜宝，许浩然，刘耀淞，唐玮．控股股东股权质押与审计师风险应对［J］．管理世界，2017（10）：51－65.

［50］张然，张会丽．新会计准则中合并报表理论变革的经济后果研究——基于少数股东权益、少数股东损益信息含量变化的研究［J］．会计研究，2008（12）：39－46.

［51］张伟华，毛新述，刘凯璇．利率市场化改革降低了上市公司债务融资

成本吗？［J］．金融研究，2018（10）：106 – 122.

［52］张翔，刘璐，李伦一．国际大宗商品市场金融化与中国宏观经济波动［J］．金融研究，2017（1）：35 – 51.

［53］周华，戴德明，刘俊海，叶建明．国际会计准则的困境与财务报表的改进——马克思虚拟资本理论的视角［J］．中国社会科学，2017（3）：4 – 25.

［54］周华，吴晶晶，戴德明，莫彩华．合并报表的利弊对经济监管规则的潜在影响研究——以江山制药并表权纠纷为例［J］．中国软科学，2018（2）：177 – 185.

［55］周楷唐，麻志明，吴联生．高管学术经历与公司债务融资成本［J］．经济研究，2017，52（7）：169 – 183.

［56］周黎安．中国地方官员的晋升锦标赛模式研究［J］．经济研究，2007（7）：36 – 50.

［57］祝继高，林安霁，陆正飞．会计准则改革、会计利润信息与银行债务契约［J］．中国会计评论，2011，9（2）：159 – 172.

［58］祝继高，王珏，张新民．母公司经营模式、合并—母公司报表盈余信息与决策有用性［J］．南开管理评论，2014，17（3）：84 – 93.

［59］朱凯，陈信元．金融发展、审计意见与上市公司融资约束［J］．金融研究，2009（7）：66 – 80.

［60］Abad C. , Laffarga J. , García – Borbolla A. , Larrán M. , Piñero J. M. & Garrod N. An Evaluation of the Value Relevance of Consolidated Versus Unconsolidated Accounting Information：Evidence from Quoted Spanish Firms［J］．Journal of International Financial Management & Accounting, 2000, 11（3）：156 – 177.

［61］Aboody D. , Barth M. E. & Kasznik R. Revaluations of Fixed Assets and Future Firm Performance：Evidence from the UK1［J］．Journal of Accounting and Economics, 1999, 26（1 – 3）：149 – 178.

［62］Aboody D. , Barth M. E. & Kasznik R. SFAS No. 123 Stock – Based Compensation Expense and Equity Market Values［J］．The Accounting Review, 2004,

79 (2): 251 – 275.

[63] Aboody D. , Lev B. The Value Relevance of Intangibles: The Case of Software Capitalization [J]. Journal of Accounting Research, 1998 (36): 161 – 191.

[64] Ahmed A. S. , Takeda C. Stock Market Valuation of Gains and Losses on Commercial Banks' Investment Securities an Empirical Analysis [J]. Journal of Accounting and Economics, 1995, 20 (2): 207 – 225.

[65] Auer K. V. Capital Market Reactions to Earnings Announcements: Empirical Evidence on the Difference in the Information Content of IAS – Based Earnings and EC – Directives – based Earnings [J]. European Accounting Review, 1996, 5 (4): 587 – 623.

[66] Ball R. , Brown P. An Empirical Evaluation of Accounting Income Numbers [J]. Journal of Accounting Research, 1968 (7): 159 – 178.

[67] Barclay M. J. , Smith C. W. The Priority Structure of Corporate Liabilities [J]. Journal of Finance, 1995b, 50 (3): 899 – 917.

[68] Barclay M. J. , Smith C. W. The Maturity Structure of Corporate Debt [J]. Journal of Finance, 1995a, 50 (2): 609 – 631.

[69] Barth M. E. , Beaver W. H. & Landsman W. R. Value – Relevance of Banks' Fair Value Disclosures under SFAS 107 [R]. Harvard Business School, Working Paper, 1994.

[70] Barth M. E. , Clinch G. International Accounting Differences and Their Relation to Share Prices: Evidence from UK, Australian, and Canadian Firms [J]. Contemporary Accounting Research, 1996, 13 (1): 135 – 170.

[71] Barth M. E. , Collins D. W. , Elliott J. A. & Gribble J. W. Response to the FASB "Preliminary Views on Major Issues Related to Consolidation Policy" [J]. Accounting Horizons, 1995, 9 (2): 80.

[72] Barth M. E. , Landsman W. R. & Lang M. H. International Accounting Standards and Accounting Quality [J]. Journal of Accounting Research, 2008, 46

(3): 467 - 498.

[73] Bauman M. P. Proportionate Consolidation Versus the Equity Method: Additional Evidence on the Association with Bond Ratings [J]. International Review of Financial Analysis, 2007, 16 (5): 496 - 507.

[74] Bengt, Holmstrom. Moral Hazard in Teams [J]. The Bell Journal of Economics, 1982 (13): 324 - 340.

[75] Booth L., Aivazian V., Demirguc - Kunt A. & Maksimovic V. Capital Structures in Developing Countries [J]. Journal of Finance, 2001, 56 (1): 87 - 130.

[76] Bradley M., Jarrell G. A. & Kim E. On the Existence of an Optimal Capital Structure: Theory and Evidence [J]. Journal of Finance, 1984, 39 (3): 857 - 878.

[77] Bugeja M., Raymond D. S. R., Duong L. & Izan H. Y. CEO Compensation from M&As in Australia [J]. Journal of Business Finance & Accounting, 2012, 39 (9 - 10): 1298 - 1329.

[78] Cai J., Walkling R. A. Shareholders' Say on Pay: Does it Create Value? [J]. Journal of Financial and Quantitative Analysis, 2011, 46 (2): 299 - 339.

[79] Carey M., Prowse S., Rea J. & Udell G. The Economics of Private Placements: A New Look [J]. Financial Markets Institutions and Instruments, 1993 (2): 1 - 66.

[80] Carter M. E., Li L., Marcus A. J. & Tehranian H. Excess Pay and Deficient Performance [J]. Review of Financial Economics, 2016 (30): 1 - 10.

[81] Chen D., Li O. Z. & Liang S. Do Managers Perform for Perks? [J]. Available at SSRN 1464015, 2009.

[82] Chen S., Wang Y. Evidence from China on the Value Relevance of Operating Income vs. below - the - line items [J]. The International Journal of Accounting, 2004, 39 (4): 339 - 364.

[83] Chen C. X., Lu H. & Sougiannis T. The Agency Problem, Corporate Governance, and the Asymmetrical Behavior of Selling, General, and Administrative Costs

[J]. Contemporary Accounting Research, 2012, 29 (1): 252 – 282.

[84] Coakley J., Iliopoulou S. Bidder CEO and other Executive Compensation in UK M&As [J]. European Financial Management, 2006, 12 (4): 609 – 631.

[85] Core J. E., Holthausen R. W. & Larcker D. F. Corporate Governance, Chief Executive Officer Compensation, and Firm Performance [J]. Journal of Financial Economics, 1999, 51 (2): 141 – 152.

[86] Cormier D., Andre P. & Charles – Cargnello E. Incentives for Consolidation of Finance Subsidiaries: Evidence from France [J]. International Journal of Accounting Auditing & Performance Evaluation, 2004, 1 (2): 164 – 182.

[87] Day R., Psaros J. A Study of Accountants' Judgments with Respect to the Provision of Consolidated Financial Statements [J]. Abacus, 2014, 32 (1): 62 – 80.

[88] Demirgüç – Kunt A., Maksimovic V. Institutions, Financial Markets, and Firm Debt Maturity [J]. Journal of Financial Economics, 1999, 54 (3): 295 – 336.

[89] Fama E. F., Jensen M. C. Separation of Ownership and Control. Journal of Law and Economics, 1983 (26): 301 – 325.

[90] Fan J. P., Titman S. & Twite G. An International Comparison of Capital Structure and Debt Maturity Choices [J]. Journal of Financial and Quantitative Analysis, 2012, 47 (1): 23 – 56.

[91] Fang Y., M. Hu & Yang Q. Do Executives Benefit from Shareholder Disputes? Evidence from Multiple Large Shareholders in Chinese Listed Firms [J]. Journal of Corporate Finance, 2018 (51): 275 – 315.

[92] Firth M., Fung P. M. Y. & Rui O. M. How Ownership and Corporate Governance Influence Chief Executive Pay in China's Listed Firms [J]. Journal of Business Research, 2007, 60 (7): 776 – 785.

[93] Firth M., Fung P. M. Y. & Rui O. M. Corporate Performance and CEO Compensation in China [J]. Journal of Corporate Finance, 2006, 12 (4): 693 – 714.

[94] Flannery M. J. Asymmetric Information and Risky Debt Maturity Choice

[J] . Journal of Finance, 1986, 41 (1): 19 – 37.

[95] Francis J. R. Debt Reporting by Parent Companies: Parent – Only Versus Consolidated Statements [J] . Journal of Business Finance & Accounting, 1986, 13 (3): 393 – 403.

[96] Freixas X. , Rochet J. Microeconomics of Banking [M] . Cambridge, MA: The MIT Press, 1997.

[97] Giannetti M. Do Better Institutions Mitigate Agency Problems? Evidence from Corporate Finance Choices [J] . Journal of Financial and Quantitative Analysis, 2003, 38 (1): 185 – 212.

[98] Gordon I. , Morris R. D. The Equity Accounting Saga in Australia: Cyclical Standard Setting [J] . Abacus, 2014, 32 (2): 153 – 177.

[99] Goyal V. K. , Lehn K. & Racic S. Growth Opportunities and Corporate Debt Policy: The Case of the US Defense Industry [J] . Journal of Financial Economics, 2002, 64 (1): 35 – 59.

[100] Graham J. R. , Li S. & Qiu J. Corporate Misreporting and Bank Loan Contracting [J] . Journal of Financial Economics, 2008, 89 (1): 44 – 61.

[101] Graham R. C. , King R. D. & Morrill C. K. J. Decision Usefulness of Alternative Joint Venture Reporting Methods [J] . Accounting Horizons, 2003, 17 (2): 123 – 137.

[102] Grinstein Y. , Hribar P. CEO Compensation and Incentives: Evidence from M&A Bonuses [J] . Journal of Financial Economics, 2004, 73 (1): 119 – 143.

[103] Harris M. , Raviv A. The Theory of Capital Structure [J] . Journal of Finance, 1991, 46 (1): 297 – 355.

[104] Harris M. S. , Muller III K. A. The Market Valuation of IAS Versus US – GAAP Accounting Measures Using Form 20 – F Reconciliations1 [J] . Journal of Accounting and Economics, 1999, 26 (1 – 3): 285 – 312.

[105] Hart O. Financial Contracting [J] . Journal of Economic Literature,

2001, 39 (4): 1079 – 1100.

[106] Hartgraves A. L. , Benston G. J. The Evolving Accounting Standards for Special Purpose Entities and Consolidations [J]. Accounting Horizons, 2002, 16 (3): 245 – 258.

[107] Healy P. M. The Effect of Bonus Schemes on Accounting Decisions [J]. Journal of Accounting and Economics, 1985, 7 (1 – 3): 85 – 107.

[108] Holt P. E. A Case Against the Consolidation of Foreign Subsidiaries' and a United States Parent's Financial Statements [J]. Accounting Forum, 2004, 28 (2): 159 – 165.

[109] Hope O. K. , Thomas W. B. Managerial Empire Building and Firm Disclosure [J]. Journal of Accounting Research, 2008, 46 (3): 591 – 626.

[110] Humphery – Jenner M. The Impact of the EU Takeover Directive on Takeover Performance and Empire Building [J]. Journal of Corporate Finance, 2012, 18 (2): 254 – 272.

[111] Jensen M. Agency Costs of Free Cash Flow, Corporate Finance, and Takeovers [J]. American Economic Review, 1986, 76 (2): 323 – 329.

[112] Jensen M. C. , Meckling W. H. Theory of the Firm: Managerial Behavior, Agency Costs and Ownership Structure [J]. Journal of Financial Economics, 1976, 3 (4): 305 – 360.

[113] Jensen M. C. , Murphy K. J. Performance Pay and Top – Management Incentives [J]. Journal of Political Economy, 1990, 98 (2): 225 – 264.

[114] Kerstein J. & Kim S. The Incremental Information Content of Capital Expenditures [J]. The Accounting Review, 1995 (7): 513 – 526.

[115] Keung E. , Z. X. Lin & Shih M. Does the Stock Market See a Zero or Small Positive Earnings Surprise as a Red Flag? [J]. Journal of Accounting Research, 2010, 48 (1): 91 – 121.

[116] Kothavala K. Proportional Consolidation Versus the Equity Method: A

Risk Measurement Perspective on Reporting Interests in Joint Ventures [J]. Journal of Accounting & Public Policy, 2003, 22 (6): 517 –538.

[117] Larson R. K. An Examination of Comment Letters to the IASC: Special Purpose Entities [J]. Research in Accounting Regulation, 2008, 20 (7): 27 –46.

[118] Leuz C. IAS Versus US GAAP: A "New Market" Based Comparison [M]. Fachbereich Wirtschaftswiss, 2000.

[119] Lim C. Y., Wang J. & Zeng C. China's "Mercantilist" Government Subsidies, the Cost of Debt and Firm Performance [J]. Journal of Banking and Finance, 2018, 1 (86).

[120] Luo W., Zhang Y. & Zhu N. Bank Ownership and Executive Perquisites: New Evidence from an Emerging Market [J]. Journal of Corporate Finance, 2011, 17 (2): 352 –370.

[121] Mian S. L., Smith Jr C. W. Incentives Associated with Changes in Consolidated Reporting Requirements [J]. Journal of Accounting and Economics, 1990, 13 (3): 249 –266.

[122] Mohr R. M. Unconsolidated Finance Subsidiaries: Characteristics And De [J]. Accounting Horizons, 1988, 2 (1): 27.

[123] Morris J. R. On Corporate Debt Maturity Strategies [J]. Journal of Finance, 1976, 31 (1): 29 –37.

[124] Muller V. O. Trends in Academic Research on Consolidation Accounting [J]. Journal of International Business and Economics, 2011, 11 (2): 98 –106.

[125] Murphy K. J. Corporate Performance and Managerial Remuneration: An Empirical Analysis [J]. Journal of Accounting and Economics, 1985, 7 (1 –3): 11 –42.

[126] Myers S. C. Determinants of Corporate Borrowing [J]. Journal of Financial Economics, 1977, 5 (2): 147 –175.

[127] Niskanen J., Kinnunen J. & Kasanen E. The Value Relevance of IAS Reconciliation Components: Empirical Evidence from Finland [J]. Journal of Account-

ing and Public Policy, 2000, 19 (2): 119 – 137.

[128] Petersen M. A. , Rajan R. G. The Benefits of Lending Relationships: Evidence from Small Business Data [J]. Journal of Finance, 1994, 49 (1): 3 – 37.

[129] Pittman J. A. , Fortin S. Auditor Choice and the Cost of Debt Capital for Newly Public Firms [J]. Journal of Accounting & Economics, 2004, 37 (1): 113 – 136.

[130] Rajan R. G. , Zingales L. What do we Know about Capital Structure? Some Evidence from International Data [J]. Journal of Finance, 1995, 50 (5): 1421 – 1460.

[131] Rees L. , Elgers P. The Market's Valuation of Nonreported Accounting Measures: Retrospective Reconciliations of Non – US and US GAAP [J]. Journal of Accounting Research, 1997, 35 (1): 115 – 127.

[132] Rose N. L. , A. Shepard. Firm Diversification and CEO Compensation: Managerial Ability or Executive Entrenchment? RAND [J]. Journal of Economics, 1997, 28 (3): 489 – 514.

[133] Smith Jr C. W. , Warner J. B. On Financial Contracting: An Analysis of Bond Covenants [J]. Journal of Financial Economics, 1979, 7 (2): 117 – 161.

[134] Smith Jr C. W. , Watts R. L. The Investment Opportunity Set and Corporate Financing, Dividend, and Compensation Policies [J]. Journal of Financial Economics, 1992, 32 (3): 263 – 292.

[135] Soonawalla K. Accounting for Joint Ventures and Associates in Canada, UK, and US: Do US Rules Hide Information? [J]. Journal of Business Finance & Accounting, 2006, 33 (3 – 4): 395 – 417.

[136] Stoltzfus R. L. , Epps R. W. An Empirical Study of the Value – Relevance of Using Proportionate Consolidation Accounting for Investments in Joint Ventures [J]. Accounting Forum, 2005, 29 (2): 169 – 190.

[137] Strong N. , Walker M. The Explanatory Power of Earnings for Stock Re-

turns [J] . The Accounting Review, 1993 (5): 385 – 399.

[138] Sufi A. Information Asymmetry and Financing Arrangements: Evidence from Syndicated Loans [J] . Journal of Finance, 2007, 62 (2): 629 – 668.

[139] Sweeney A. P. Debt – Covenant Violations and Managers' Accounting Responses [J] . Journal of Accounting and Economics, 1994, 17 (3): 281 – 308.

[140] Tucker J. W. , Zhou Y. & Zhu J. Incremental Usefulness of Parent – Only Balance Sheets to Debt holders: Evidence from Banks [R] . Working Paper, 2017.

[141] Walker R. G. An Evaluation of the Information Conveyed by Consolidated Statements [J] . Abacus, 1976, 12 (2): 77 – 115.

[142] Walker R. G. International Accounting Compromises: The Case of Consolidation Accounting [M] . International Accounting and Transnational Decisions, 1983.

[143] Warfield T. D. , Gribble J. , Lang M. H. , Lee C. M. C. , Linsmeier T. J. & Penman S. H. Response to the Fasb Exposure Draft, "Proposed Statement of Financial Accounting Standards – Consolidated Financial Statements: Policy and Procedures" [J] . Accounting Horizons, 1996, 10 (3): 182 – 185.

[144] Weygandt J. J. , Barth M. E. , Collins W. A. & Crooch G. M. Response to the FASB Discussion Memorandum "Consolidation Policy and Procedures" [J] . Accounting Horizons, 1994, 8 (2): 120.

[145] Whittred G. The Evolution of Consolidated Financial Reporting in Australia [J] . Abacus, 1986, 22 (2): 103 – 120.

[146] Whittred G. The Derived Demand for Consolidated Financial Reporting [J] . Journal of Accounting and Economics, 1987, 9 (3): 259 – 285.

[147] Whittred G. , Zimmer I. Contracting Cost Determinants of GAAP for Joint Ventures in an Unregulated Environment [J] . Journal of Accounting & Economics, 1994, 17 (1 – 2): 95 – 111.

[148] Zou H. , Adams M. B. Debt Capacity, Cost of Debt, and Corporate Insurance [J] . Journal of Financial and Quantitative Analysis, 2008, 43 (2): 433 – 466.

后 记

本书得以写作完成首先要感谢导师戴德明先生，合并财务报表放大效应的思想以及书中的多处思想均来源于戴老师。感恩戴老师在学术上的启迪，人生方向上的指引，心态上的纠偏，生活上的关心。

随着时间的推移，年龄的增长，很多事情都已经忘记，很多事情需要刻意去想才能记起。人民大学的四年光阴，带给我很多美好与感动。还记得当我决定要考博士研究生后，就问师兄要了戴老师上课的时间和地点，来听戴老师的《会计理论》和《高级会计学》课程。这时我才发现，戴老师在课堂上提出的很多问题是我自己从来没有思考过的。还记得我第一次参加戴老师师门研讨会时，当我听完师兄师姐汇报的论文后才知道，原来会计问题可以做这么丰富的研究，就犹如为我打开了一扇新的大门。何其有幸，承蒙戴老师不弃，我成为这个温暖大家庭中的一员。每每想到自己有机会来人民大学学习，都会心怀感恩。

入学之初，徐经长老师在开学典礼的讲话中给我们讲戴老师提出的"内外结合，远近兼顾，问题导向，贡献至上"。戴老师的思想也贯穿在整个对我们指导的过程中："会计学者理应重点关注会计学科之内的研究主题，着眼于自身和会计学科的长远发展，针对真实的问题，开展真正的研究，追求真正的贡献。"在对我们的学术指导过程中，戴老师要求我们的研究必须立足现实中的真实研究问题。"当今学术界，浮躁之风颇为盛行，急功近利似成常态，评价机制依然扭曲。"很多时候，大家在做论文的过程中容易产生焦虑的情绪，戴老师会通过身边的很多事例给大家进行心理疏导，以帮助大家减轻压力，放平心态。

除了学术和心理疏导，在其他很多事情上戴老师都会带给我很多感动。还记得，我和戴老师说，我硕士研究生期间写了一篇文章投了一个会议，需要请假去参加会议。戴老师说，支持参加会议，会议费用都可以报销。虽然这篇参会文章不是在戴老师的指导下做的，但戴老师还是站在我的角度为我考虑。还记得，我和戴老师说，我想出国交流一年。戴老师说，支持出去交流。虽然我出国一年意味着不能参与师门的活动，但戴老师依然是站在学生的角度为学生考虑。还记得，回国后，我和戴老师说我生病了，由于身体原因可能会延期毕业。戴老师并没有责备我没有管理好自己的身体，而是非常关心我的状态，并通过自身的经历开导我。每每想到这些，眼泪总会难以抑制。师恩难忘意深浓，桃李人间茂万丛。历苦耕耘勤育李，谆谆教诲记心中。

我想我一定是非常幸运的。在我求学的过程中，遇到的都是非常好的老师。感谢我的硕士研究生导师何玉润老师，是她引导我走上学术研究的道路。无论是学术上还是生活中，何老师都给予了我极大的支持和帮助。博士研究生期间，何老师每个月会给我做一笔劳务费。何老师说是因为我帮她做了社科项目里的文章。其实，何老师所说的这篇文章，是何老师看我自己达到毕业要求有点困难，出于帮助我毕业的目的我们一起做的。当我在读硕士研究生时，何老师在师门研讨会经常教育我们，读了研究生后，我们每个人的身上都背负着一个十字架，一份对社会的责任。何老师对工作、对学生、对人生的态度都深深影响着我，鞭策我不断完善自我。

感谢周华老师、张博老师和程鑫老师在开题答辩时对我毕业论文的意见。感谢张姗姗师姐对我毕业论文研究设计和写作过程中的帮助。感谢荆新老师、廖冠民老师、张然老师、戴璐老师、林斌老师、郑国坚老师、陈德球老师、王玉涛老师对文章的意见和建议。四年的博士期间，还要感谢曹伟、耿建新、荆新、秦荣生、宋建波、吴武清、徐经长、叶康涛、袁蓉丽、张敏、赵西卜等老师，他们在研究理论、研究思路、研究范式、研究方法等方面的讲解，让我积累了扎实的理论知识和研究方法，对学术研究有了更深刻的认识。感谢袁蓉丽老师、秦玉熙老师、孙蔓莉老师、王平老师、高靖宇老师对我的关心和鼓励。感谢我的班主任吴武清老师，班会上他会给我们讲一些人生的经验，鼓励我们学术之余读一些经典书籍，有助于度过人生某些艰难的时刻。感谢施小斌老师、薛秀娟老师、马玉阳老师、杨扬老师对我们的支持和辛勤付出。

感谢我的师母胡老师，感谢她对我们的关心和照顾。感谢陈宋生老师、毛新述老师、张伟华老师、林慧婷老师，以及王茂林、李哲、莫彩华、成颖利、王斌、何力军、唐妤、董小红、李阳、张姗姗、孟杰、倪小雅、宁美军、田莹莹，他们平日里对我的学习、生活和个人发展给予了很多的帮助和关注。感谢徐云、赵梦莹、薛雨佳、凌筱婷、王珣、李白雪等。感谢这个大家庭中的互相帮助和鼓励。

感谢我的室友李瑞敬、李雪婷、吕晓敏。在平时的学习中，我们相互带动和学习；迷茫、焦虑和遇到困难的时候，我们相互鼓励。我们彼此分享开心和幸福的时刻，一起走过博士研究生的四年生涯。感谢武诗敏师妹，在我生病时对我的照顾和陪伴。还要感谢和我一起奋斗四年的 2016 级会计班同学们，他们给予了我美好的友情。感恩父母和亲人，是他们无条件的爱与支持，让我在求学路上无后顾之忧，做自己想做的事情。感恩，回馈这美好的一切。

闫丽娟

2020 年 4 月 22 日